아들아, 내가 맡긴 아이는 잘 키우고 있느냐?

아들아 내가 맡긴 아이는
잘 키우고 있느냐?

초판 1쇄 발행 | 2016년 10월 15일
개정판 1쇄 발행 | 2018년 07월 20일

지은이 | 김용성

펴낸이 | 이미순
편집 | 책꽃밭   디자인 | 전지애

펴낸곳 | 소원나무
주소 | 경기도 고양시 일산서구 중앙로 1560, 다산스카이빌 1009호
전화 | 031-812-2552
팩스 | 070-7610-2367
등록 | 제 2012-000220호(2012.12.27)

ISBN 979-11-86531-81-5 03230

이 도서의 국립중앙도서관 출판예정도서목록(CIP)은 서지정보유통지원시스템 홈페이지
(http://seoji.nl.go.kr)와 국가자료공동목록시스템(http://www.nl.go.kr/kolisnet)에서
이용하실 수 있습니다. (CIP제어번호: CIP2018021658)

＊파본은 바꾸어 드립니다.

소원나무는 한 권의 책 속에 우리의 꿈과 희망을 소중하게, 정성스럽게, 웅숭깊게 담아냅니다.

＊책에서 인용한 성경구절은 별도의 언급이 없는 한 '표준새번역'을 기준으로 하였습니다.
＊이 책의 인세 전부는 저자의 뜻에 따라 세월호 유가족을 돕는 데 기부됩니다.

아들아, 내가 맡긴 아이는 잘 키우고 있느냐?

김윤성 지음

소원나무
WishTree

추천사

내 자녀가 잘되기를 바라십니까?

세상에 내 자녀가 잘되는 것을 바라지 않는 부모가 과연 어디에 있겠습니까? 세상의 모든 부모는 내 자녀가 이 사회의 구성원으로 오롯이 세워져서 사람들에게 능력을 인정받고 자녀 스스로도 만족하는 삶을 살기를 간절히 바랄 것입니다. 그래서 자녀를 어릴 때부터 바른 인성과 선한 마음을 지닌 아이로, 열심히 공부해서 똑똑하고 시혜로운 아이로 키우고자 많은 노력을 기울입니다. 하지만 자녀가 점점 자라면서 부모는 자녀양육에 대한 커다란 벽에 부딪히게 됩니다.

수시로 자녀를 혼내고 격려하기를 반복하지만 어느 순간, 자녀가 부모의 바람대로 움직여주지 않는다는 사실을 깨달을 때쯤 부모는 자신의 양육방식에 대해 깊이 고민하게 되고 때로는 좌절까지 경험하곤 합니다. 자녀가 부모 관점에서 엇나가고 있다고 느낄 때는 '과연 내가 부모 노릇을 제대로 하고 있는가?'라는 의구심이 들고 심한 자책감마저 가지게 됩니다. 이처럼 자녀가 잘되기를 바라고 기대하는 만큼 부모 노릇이 그리 녹록치 않습니다.

그렇습니다. 부모 노릇이 참 어렵습니다. 아버지는 아버지대로, 어머니는 어머니대로 자녀들을 사랑과 헌신으로 보살피며, 원칙과 질서에 따라 일관성 있게 가르치려 노력하지만 정작 현실은 이와 거리가 멀 때가 많습니다. 이런 부모들에게 하나님께서 주시는 말씀이 있습니다.

"이스라엘은 들으십시오. 주님은 우리의 하나님이시오, 주님은 오직 한 분뿐이십니다. 당신들은 마음을 다하고 뜻을 다하고 힘을 다하여, 주 당신들의 하나님을 사랑하십시오. 내가 오늘 당신들에게 명하는 이 말씀을 마음에 새기고, 자녀에게 부지런히 가르치며, 집에 앉아 있을 때나 길을 갈 때나, 누워 있을 때나 일어나 있을 때나, 언제든지 가르치십시오. 또 당신들은 그것을 손에 매어 표로 삼고, 이마에 붙여 기호로 삼으십시오. 집 문설주와 대문에서 써서 붙이십시오."(신 6:4~9)

하나님께서는 부모들에게 '들으십시오'라며 그 무엇보다 자녀들에게 하나님의 말씀을 가르칠 것을 명령하십니다. 부모가 마음과 뜻과 힘을 다해 하나님을 사랑하고 그 모습을 자녀에게 보일 뿐 아니라 자녀에게도 부지런히 가르치라고 말씀하십니다. 집에 앉아 있을 때나, 길을 갈 때나, 언제든지 말이지요. 그렇게 가르친 부모들에게 또한 하나님께서 약속하십니다.

"주님께서 우리에게 이 모든 규례를 명하여 지키게 하시고, 주 우리의 하나님을 경외하게 하셨다. 우리가 그렇게만 하면, 오늘처럼 주님께서 언제나 우리를 지키시고, 우리가 잘살게 하여 하여 주실 것이다." (신 6:24)

사실 하나님을 믿는 부모들 중에는 안타깝게도 자녀에게 부지런히 말씀을 가르치지 않을 뿐 아니라 세상의 교육에 휩쓸려 내 자녀만 뒤쳐질까 전전긍긍하느라 말씀은 뒷전인 경우를 종종 보게 됩니다. 자녀가 잘되기를 진심으로 바라는 부모들이여, 부디 하나님의 말씀을 부지런히 가르치고 하나님이 허락하신 형통의 축복을 믿으시기 바랍니다.

특별히 이 명령에 순종하며 용기 있게 걸어가고 있는 한 가정을 소개해 드리고 싶습니다. 이 가정은 세상의 방법과 가치를 따르지 않고 순수한 신앙으로 하나님의 말씀을 가르치는, 이른바 '성경적 홈스쿨링'을 통해 남자아이 셋을 양육해오고 있습니다. 이 가정의 부모는 하나님의 약속을 신뢰하고 바라보면서 자녀가 세상에서 하나님 나라의 일꾼으로 담대하게 세워질 수 있도록 오늘도 최선을 다하고 있습니다.

사실 '성경적 홈스쿨링'에는 정답이 없습니다. 오직 말씀에 따라 자녀와 함께 걷는 그 길만이 정답이며 진리입니다. 그렇기에 쉽지 않은 부모의 길, 더군다나 많은 에너지가 요구되는 성경적 홈스쿨링의 여정을 선택하여 묵묵히 실천해가는 내용을 담은 김용성 형제의 《아들아, 내가 맡긴 아이는 잘 키우고 있느냐?》는 그 어느 때보다 귀하고 값진 보물과 같습니다. 이 책은 하나님의 말씀에 따라 부모의 역할을 다하고자 노력하는 부모들, 그리고 자녀가 세상의 성공이 아닌 하나님 나라를 세워갈 영적 리더로 자라길 바라는 많은 부모에게 큰 도움이 될 것입니다. 또한 부모의 길을 함께 걷는 친구처럼, 때로는 앞에서 이끌며 다독이는 선배처럼 엄청난 위로와 격려도 줄 것입니다. 《아들아, 내가 맡긴 아이는 잘 키우고 있느냐?》를 통해 진정 이 시대에 하나님께서 원하시는 부모와 자녀, 그리고 가정으로 회복되고 부흥되기를 기대합니다.

지구촌교회 글로벌홈스쿨링아카데미 담당목사 이필웅

좀비로 키울 것인가,
여호수아로 키울 것인가?

한국의 교육 시스템에 모세가 필요하다. 이집트에서 노예살이 하던 이스라엘 민족이 끝도 없는 피라미드 건설작업에 내몰렸듯이, 우리나라 청소년들은 대학입시라는 지상명령을 위해 무한경쟁에 내몰리고 있다.

한국의 교육열이 뜨겁다는 사실은 어제와 오늘의 일이 아니다. 우리는 전쟁 중에도 학교를 세워 아이를 가르쳤던 민족이 아닌가? 그런데 오늘날의 교육현실과 부모들의 교육열을 마냥 아름답게만 볼 수 없다. 지금의 부모들은 고등학교에서 바짝 공부하면 대학에 갈 수 있다고 믿으며 고등학교에 진학했다. 당시에 인문계 고등학교에서 대학에 진학하는 학생들은 절반이 채 되지 않았고, 모든 학생이 무차별적으로 입시준비에 내몰리지도 않았다.

하지만 요즘은 인문계 고등학교 졸업생의 대다수가 대학에 진학한다. 시험이 쉬워지다 보니, 점수가 상향평준화 되어서 입시생들이 느끼는 공부의 압박감은 더 커지고, 취미생활은 사치로 여겨진다. 부모들은 자녀를 대학에 보낼 수만 있다면 자녀의 인성개발은 잠시 접어둘 수 있다고 생각한다. 부모의 이러한 생각은 고스란히 아이들에게 전해져서 급기야 10억을 벌 수 있다면 1년간 감옥에 갈 의향이 있냐는 질문에 고등학생 응답자의 47%가 그렇다고 답하는 지경에 이르렀다. 이런 교육 현실에 문제가 있다는 것을 아는 사람들도 막상 일상으로 돌아오면 마땅한 해결책이 없다며 푸념하고 산다. "어쩌겠어. 그냥 이렇게 사는 거지."

노예근성에 물든 이스라엘 민족은 모세가 독립을 이야기하자 되레 걱정했다. 섣부른 독립운동을 했다가 오히려 파라오에게 밉보일까봐 두려워한 것이다. 한편 이집트인들도 마음속으로 걱정되는 것이 한 가지 있었다. 이스라엘 민족을 노예로 부려먹을 때는 좋았지만, 혹시라도 전쟁이 터지면 이스라엘 민족이 적군에게 동조하여 이집트를 위협할까봐 전전긍긍하고 있었다.

요셉을 알지 못하는 새 왕이 일어나서 이집트를 다스리게 되었다. 그 왕이 자기 백성에게 말하였다. "이 백성 곧 이스라엘 자손이 우리보다 수도 많고, 힘도 강하다. 그러니 이제 우리는 그들에게 신중히 대처하여야 한다. 그렇게 하지 않으면 그들의 수가 더욱 불어날 것이고, 또 전쟁이라도 일어나는 날에는, 그들이 우리의 원수들과 합세하여 우리를 치고, 이 땅에서 떠나갈 것이다." (출 1:8~10)

이집트 집권자들은 과도한 육체노동으로 이스라엘 민족의 체력을 고갈시켰는데, 그렇게 하면 이스라엘 민족이 반역을 일으키지 못할 뿐 아니라 너무도 피곤한 나머지 부부간 잠자리가 줄어서 결국 인구 감소로 이어질 것이라는 계산도 하고 있었다. 유대전승에 따르면, 이집트 집권자들은 한 걸음 더 나아가 이스라엘 남자와 여자의 역할을 바꾸어 그들의 정신을 파괴하고자 했다. 즉, 남자들에게는 청소와 가사 일을 시키고, 여성들에게는 거친 농사일을 시킨 것이다. 그 결과, 이스라엘 민족의 몸과 마음은 찌들어 독립의지마저 꺾이게 되었다. 급기야 파라오는 이스라엘 민족의 정기를 꺾어버릴 무시무시한 정책을 실시했는데, 어린 남자아이를 골라 죽이는 집단 유아살해를 명령했다. 그런데 하나님께서는 그 끔찍한 파라오의 계획마저 사용해서 모세를 키워내셨고, 모세는 하나님의 뜻에 따라 이집트로 돌아와 파라오의 폭정에서 이스라엘을 구출해냈다.

　세 아들이 초등학교에 입학한 후, 여느 부모처럼 우리 부부에게도 이런저런 걱정이 찾아왔다. 우리 사회의 청소년들이 노예살이 하던 이스라엘 민족처럼 생기를 잃어버리고 노예근성을 배우고 있는 것은 아닌지……. 극단적인 생각처럼 보이지만 전혀 근거가 없는 것도 아니다. 우리나라 교육 환경은 과도할 정도로 공부를 강조한다. 지금의 부모 세대가 초등학교에 입학해서 비로소 한글을 배웠던 것과 달리, 지금의 초등학생은 다섯 살이면 이미 한글을 배우고 초등 저학년이면 영어학원에 다닌다. 선행학습은 너무도 흔해서 학생들은 정작 수업시간에 흥미를 잃기도 한다. 수학능력평가 제도를 도입한 이후로 체력장이 없어져서, 이제 학생들은 운동도 거의 하지 않는다.

좀비로 키울 것인가, 여호수아로 키울 것인가?

입시교육 분야에서 일하는 친구의 말을 빌리자면, 요즘 학교에 가면 교실마다 좀비가 가득하단다. 영화에서 보는 좀비는 영혼 없는 존재다. 외형은 사람이지만 의식은 사라지고 오로지 먹는 욕구만 남아서 닥치는 대로 살아 움직이는 것을 잡아먹는다. 이와 비슷하게 외형은 학생이지만 진지한 생각은 하기 싫어하고 간식과 게임에만 몰입하는 청소년들이 많다. 학생들에게 미래의 꿈이 무엇이냐고 물어보면 종종 학생들은 난처한 표정으로 머뭇거리다가 대학 진학이라고 말한다. 어느 대학에 가서 무엇을 전공할 것인지는 명확하지 않다. 몇 번 그런 고민을 하다가 포기했을 수도 있다. 어차피 대학에 가는 길은 엄마의 정보력, 할아버지의 경제력, 아빠의 무관심에서 나온다는 자조적인 농담도 있지 않던가.

이런 시대에 나는 아들을 셋이나 키우고 있다. 대학입시를 세 번 치르고, 군입대도 세 번 치르고, 장가도 세 번 보낼 것이다. 그래서 곰곰이 생각한 끝에 결정을 내렸다. 문제인 줄 알면서도 이 상황을 그냥 받아들이기보다는 하나님의 도움을 받아 기도와 노력을 통해 우리 가정을 바꿔보기로 말이다. 다행히도 노예살이를 한다고 해서 모두가 노예근성에 물들지는 않는다. 어떤 이들은 노예의 삶을 살면서도 독립을 꿈꾸고, 어떤 이들은 부자로 살면서도 자기보다 더 큰 부자와 권력에 기생하며 살아간다. 선택하기 나름이다. 오랜 기간 노예살이를 했던 이스라엘 민족이 수세기 동안 노예로 대우받았다고 해서 모두가 노예근성을 가지지는 않았다. 예를 들어 여호수아는 다른 이스라엘의 젊은이와 다를 바 없이 자랐지만, 충직하게 모세를 섬기며 차세대 지도자로 성장했다. 요셉도 이집트에 노예로 팔려왔지만, 자신이 처한 환경에 실망하지 않고 정신을 바짝 차려서 이집트의 총리 자리까지 올랐다.

나는 아들 셋을 요셉, 모세, 여호수아와 같은 위인으로 키우려고 욕심내지는 않는다. 하지만 아이들이 숨 막히는 환경 속에서 노예로 지내지 않도록 노력을 다하기로 결심했다. 그렇게 마음을 먹고 나니 이 싸움을 혼자 싸우는 것이 아니라는 것도 알게 되었다. 많은 대안학교와 홈스쿨링 가족들이 이미 앞서서 독립의 길을 가고 있었다. 되돌아보면 혼자서 외롭고 의로운 길을 가고 있는 것마냥 생각했던 자신이 부끄럽다. 하나님은 예전에도 혼자서 의로운 척하는, 나 같은 사람을 여럿 만나셨다.

"엘리야야, 너는 여기에서 무엇을 하고 있느냐?" 엘리야가 대답하였다. "나는 이제까지 주 만군의 하나님만 열정적으로 섬겼습니다. 그러나 이스라엘 자손은 주님과 맺은 언약을 버리고,

주님의 제단을 헐었으며, 주님의 예언자들을 칼로 쳐죽였습니다. 이제 나만 홀로 남아 있는데, 그들은 내 목숨마저도 없애려고 찾고 있습니다."…(중략)… 그러나 나는 이스라엘에 칠천 명을 남겨 놓을 터인데, 그들은 모두 바알에게 무릎을 꿇지도 아니하고, 입을 맞추지도 아니한 사람이다." (왕상 19:13~18)

  엘리야에 비할 바가 아니지만, 우리 가정도 하나님께 푸념하듯 기도를 드린 적이 있었다. 나와 아내가 자녀교육으로 고민하고 있을 때 하나님은 우리에게 아마도 이렇게 말씀하고 싶으셨을 것이다.
  "나는 한국에 수천 명을 남겨 놓을 터인데, 그들은 노예근성을 심어주는 교육 환경에 무릎을 꿇지 않고 신앙과 신념을 저버리지도 아니한 사람들이다."
  우리 가정이 지난 5년 동안 걸어온 길은 짧고 실수도 많지만, 일단 이집트에서는 벗어난 심정이다. 앞으로도 갈 길은 멀고 험하겠지만, 혹시나 우리가 그랬듯이 우리 가정을 뒤따라 길을 떠날 가정들을 위해 이 기록이 도움이 되길 바란다.

김용성

차례

추천사 • 내 자녀가 잘되기를 바라십니까?
　　　 – 이필웅 목사(지구촌교회 글로벌 홈스쿨링 아카데미)
프롤로그 • 좀비로 키울 것인가, 여호수아로 키울 것인가?

PART 01
아비가 키워라

chapter 01　아빠, 학교 가기 싫어요 · 19
chapter 02　여호와이레, 하나님의 산에서 준비되리라 · 27
chapter 03　우리나라 학교 교육을 되돌아보다 · 32
chapter 04　유대인 자녀교육 벤치마킹 · 37
chapter 05　고전교육 벤치마킹–트리비움(Trivium) · 43
chapter 06　아버지의 책임, 어른의 책임 · 51

PART 02
자녀교육의 목표와 원칙을 세워라

chapter 01　자녀교육의 목표는 자녀 스스로 하나님을 만나게 하는 것 · 59
chapter 02　부부간의 사랑이 자녀교육의 첫걸음 · 68
chapter 03　순종, 절제, 집중의 3대 원칙으로 자녀를 가르치다 · 75
chapter 04　풍성하게 사랑하고, 부족하게 베푼다 · 83
chapter 05　말로 가르치면 따지고, 삶으로 가르치면 따른다 · 91
chapter 06　자제력 총량 고정의 법칙 · 100
chapter 07　여유로운 환경이 '선한 사마리아인'을 만든다 · 109
chapter 08　하나님이 주신 놀이 본능을 활용하다 · 117

PART 03
성품 교육이 중요하다

- chapter 01   성공과 실패를 가르는 것은 습관이다 · 127
- chapter 02   습관이 성품을 만들고, 성품이 운명을 낳는다 · 135
- chapter 03   메타인지 습관으로 자신을 돌아보라 · 140
- chapter 04   몰입으로 행복과 실력향상, 두 마리 토끼를 잡다 · 150
- chapter 05   하고 싶은 것을 계속하기 위해 절제를 가르치다 · 160
- chapter 06   안식일을 기념하여 가정의 전통을 세우다 · 167
- chapter 07   여행을 통해 아들과 친구가 되다 · 176

PART 04
실력을 키우는 데 힘쓰다

- chapter 01   공부를 왜 하는지 묻다 · 189
- chapter 02   재능개발 3단계 · 199
- chapter 03   지루함이라는 긍정적 자극 · 208
- chapter 04   꿈을 꾸는 사람, 꾸물대는 사람 · 215
- chapter 05   칭찬과 체험으로 재능을 성장시키다 · 224
- chapter 06   질문능력이 곧 학습능력이다 · 232
- chapter 07   질문하는 방법 · 240
- chapter 08   과목별로 하브루타 적용하기 · 248
- chapter 09   사회성을 키우다 · 257
- chapter 10   청소년이라는 개념의 굴레를 넘어서 · 264
- chapter 11   자녀교육, 여전히 갈 길은 멀다 · 271

에필로그 · 아들아, 뱀과 같이 슬기롭고, 비둘기와 같이 순진해져라 · 275

PART | 01

아비가 키워라

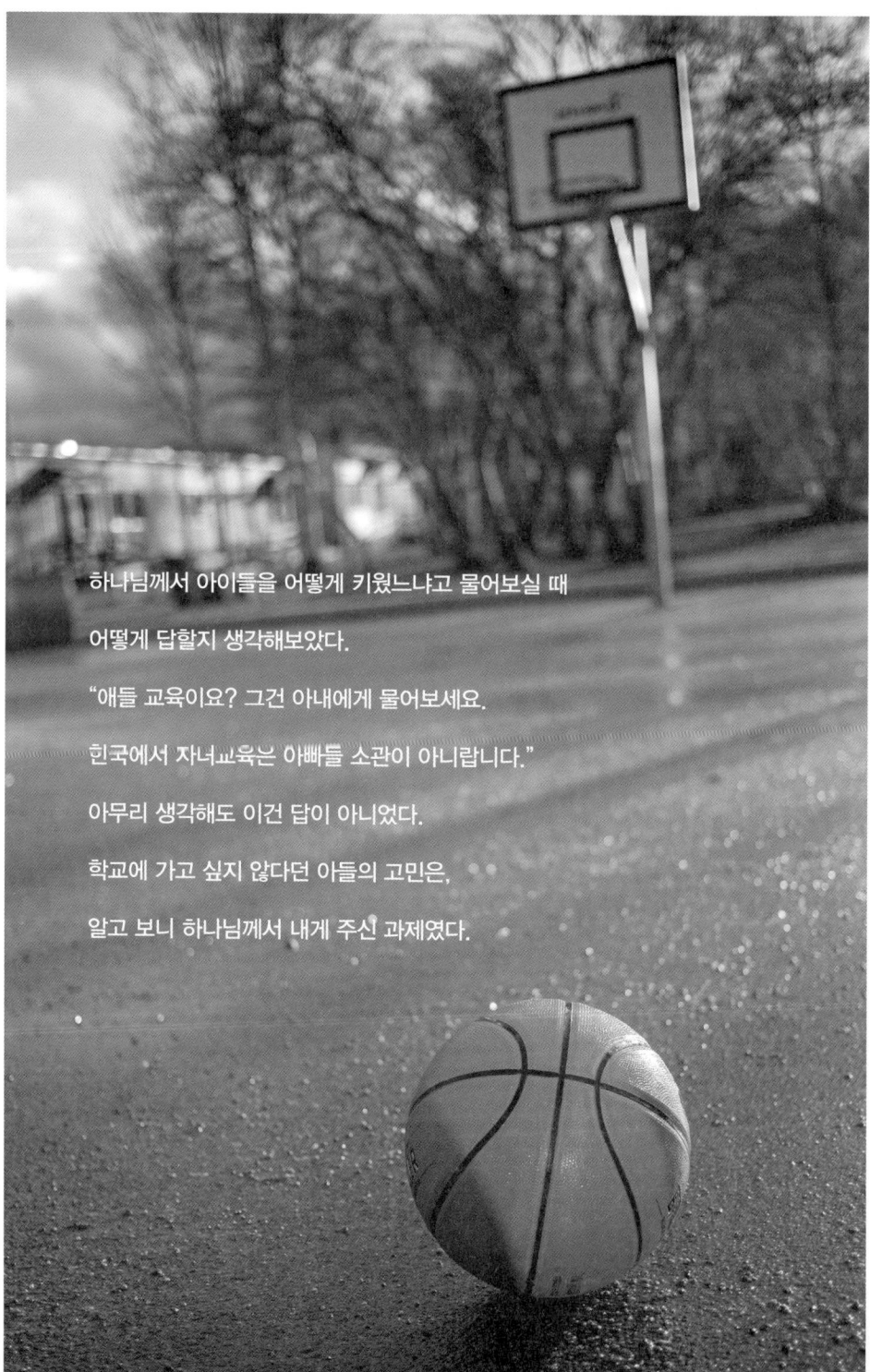

하나님께서 아이들을 어떻게 키웠느냐고 물어보실 때
어떻게 답할지 생각해보았다.
"애들 교육이요? 그건 아내에게 물어보세요.
한국에서 자녀교육은 아빠들 소관이 아니랍니다."
아무리 생각해도 이건 답이 아니었다.
학교에 가고 싶지 않다던 아들의 고민은,
알고 보니 하나님께서 내게 주신 과제였다.

chapter 01

아빠, 학교 가기 싫어요

"아빠, 학교 가기 싫어요."

큰 아들 현민이가 초등학교 4학년이 되던 해 내게 말했다. 초등학교를 다니기 싫다고. 그 순간, 기가 막혀 잠시 할 말을 잃었다. 어떻게 초등학교 4학년생이 학교에 가고 싶지 않다는 말을 할 수 있지?

"아들, 나도 쉬고 싶다. 너는 왜 학교를 쉬겠다는 거냐?"

"학교 친구들이 싫어요. 수업도 지루하고."

"(에잇 참, 회사도 그런데…) 그래도 참고 다녀야지. 네가 학교에 안 가면 아빠는 감옥 가요. 중학교까지 의무교육이야."

"엄마 말로는 검정고시라는 것도 있다던데……."

"(애한테 별 걸 다 알려주네.) 그래서 학교 안 다니고 검정고시 보겠다고?"

"네, 그러고 싶어요."

학교 대신 선택한 홈스쿨링

세 아들의 홈스쿨링은 그렇게 시작되었다. 이제 와서 되돌아보면 아득하기 그지없다. 걱정도 많았고 그만큼 기도도 많이 했다. 처음부터 홈스쿨링을 할 생각은 아니었기에, 아이가 다닐 수 있는 대안학교를 찾으러 경기도 양평에도 수차례 오갔다. 길에서 버린 시간도 무척 많았지만 지금이라도 누가 내게 다시 그때로 돌아가 여전히 홈스쿨링을 시작하겠냐고 묻는다면 지체 없이 답할 것이다. "당연하지!"

공교육은 문제투성이고 홈스쿨링이 유일한 대안이라고 말하는 것이 절대 아니다. 공교육은 전문가들의 고민과 연구가 축적되어 완성된 뛰어난 교육 시스템이다. 그렇지만 우리 가정은 심사숙고 끝에 공교육을 떠나기로 결정했고, 하나님은 그 결정에 대해 후원해주셨다. 우리 가정은 홈스쿨링을 하면서 다음 세대를 향한 하나님의 뜻에 대해 귀를 기울이게 되었고, 홈스쿨링을 통해 배우고 경험한 많은 것을 다른 가정에도 나눌 수 있게 되었다.

다시 현민이 이야기로 돌아가보자. 초등학생이 학교를 안 다니겠다는 생각을 하다니 요즘 아이들은 참 유별나다. 내가 어릴 적에는 학교에 가지 않는 아이들은 아파서 못 나오는 아이와 가출해서 안

홈스쿨링을 하는 우리 가정

나오는 아이, 딱 두 부류였다. 국민학교를 졸업하면서 6년 개근상을 받았던 나로서는 아들의 이야기를 받아들이기가 힘들었다.

아이를 설득해보려고 현민이를 앉혀놓고 차근차근 대화를 시도했다.

"학교에 왜 가기 싫은 거니?"

"친구들이 저를 힘들게 해요."

"친구 누구?"

"우리 모둠의 아이들이오."

아이가 친구들 때문에 학교에 가기 싫다는 말을 들으니 마음이 아프고 기분도 좋지 않았다. 그런데 좀 더 자세히 알고 보니 진짜 문제는 현민이의 친구들이 아니었다. 안타깝게도 현민이와 같은 에너지 넘치고 개성이 두드러지는 아이들에게는 초등학교 자체가 기를 펴기 힘든 환경이었다. 여자 선생님이 다수인 초등학교에서 에너지가 넘치는 아이들은 공교육이 정해 놓은 틀 안에 들어오지 않는다는 이유로 종종 선생님의 지적을 받았다.

공교육의 목표, 순종적인 공장노동자 양산

교육전문가들이 입을 모아 하는 말이 있다. 공교육이 학생 개개인의 개성보다는 순종적 노동자를 양성하는 데 중점을 둔다는 것이다. 사실 공교육의 기원은 1794년의 독일(프로이센)에서 찾을 수 있는데, 산업혁명 선진국인 영국을 따라잡기 위해 독일 정부는 세계 최초로 어린이 교육을 국민의 의무로 만들었다. 당시까지는 모든 나라가 자녀교육을 부모의 몫으로 여겼기 때문에 국가가 나서서 아이들의 교육을 강제하지는 않았다. 하지만 독일 정부는 다르게 생각한 것이다. 어린 자녀는 부모의 관리 대상이더라도 국민 전체는 국가의 관리 대상이라고 생각했다. 당시 여러 나라는 산업혁명으로 급격하게 늘어나는 공장에서 일할 노동자를 충분히 구하지 못해 고민 중이었다. 그래서 읽고 쓸 줄 아는 노동자를 대량으로 생산하는 독일의 공교육 시스템은 빠른 속도로 이웃 나라에 전파되었다. 독일은 뒤늦게 출발했지만, 빠르게 공업선진국 대열에 들어서서 이웃 나라들의 부러움을 샀고 이웃 나라들은 경쟁하듯 독일의 공교육 철학을 모방했다. 그 당시 독일 공교육은 개인의 개성보다는 순종적인 공장 노동자를 양산하는 데 목표를 두었다.

  아들을 도와주려고 자녀교육 책들을 읽기 시작했다가 공교육의 역사와 철학을 이해하고 나니 정신이 번쩍 들었다. 나는 조금 더 현민이를 이해하기 위해 아이가 다니고 있던 학교에 대해 알아보았다. 사실 세 아들이 다니는 학교는 내 모교이자 꽤 좋은 학교로 평판도 괜찮은 공립학교다. 감사하게도 아들의 담임선생님은 모두 좋은 분들이셨다. 문제는 아들의 개성을 충분히 인정받기 힘든 교육환경에 있었다. 담임선생님의 호출을 받고 상담을 다녀온 아내의 말을 들어보니 상황은 이러했다.

  현민이는 한두 가지 관심사에 집중하는 아이로 학교에서 종이 울리고 수업 과목이 바뀌어도 한 번 읽기 시작한 책을 계속 읽곤 했다. 집에서도 자기가 좋아하는 학습만화를 보고 또 보고, 지루할 법도 한데 책을 외울 정도까지 반복해서 보았다. 현민이가 5세 때 종이접기 책을 사달라고 하더니, 이후로 매일 종이를 접었다. 어느 순간부터는 두어 시간을 내리 앉아 종이를 접으면서도 전혀 힘들어하지 않았다. 하지만 학교는 매 시간마다 과목이 바뀌고, 선생님의 지도에 따라 관심사를 바꾸어야 하는 곳인 만큼, 반 친구들은 자기 관심사에만 집중하는 현민이의 태도를 좋게 보지 않았다. 모둠으로 활동할 때면 느긋한 현민이 때문에 모둠 전체가 좋은 평가를 받지 못하곤 하여 모둠 친구들은 현민이의 공책을 가져가 직접 빈칸을 채우며 현민이에게 속도를 내라고 재촉했다. 친구들의 성화에 못 이겨 억지로 모둠 활동에 참여하던 현민이는 해가 갈수록 몸도 마음도 지쳐갔다.

　그날 선생님으로부터 현민이에 관한 이야기를 직접 들은 아내는 많이 울었다. 아내는 어린아이가 느꼈을 고통을 생각하면 가슴이 아프다고 말했다. 나야말로 아내의 반응을 보고 깜짝 놀랐다. '이놈을 어떻게 고쳐서 다시 학교에 적응시키나…….'라고 생각했던 나와는 달라도 한참 달랐다. 학교 생활에 잘 적응하지 못하는 아이의 고통을 전혀 느끼지 못할 만큼 나는 애정이 부족하고 무관심한 아빠였다. 나는 막연하게, 내가 그랬듯이, 아들도 학교를 잘 다닐 것이라고 기대했다. 또 직장생활을 하면서 생계를 꾸리는 것으로 가장으로서의 책임을 충실히 하고 있다고 생각했고, 다른 아빠들도 다 그렇게 하고 있다고 생각했다. 하지만 현민이의 일을 통해 나는 내가 아버지로서 한참 무심하고 모자라다는 것을 깨닫게 되었다.

　문득 이런 생각이 들었다. 하나님께서는 내 업무 성과에 관심이 있으실까? 나중에 죽어서 하나님 앞에 서면 하나님이 이렇게 물어보실까? "올해 상반기 프로젝트를 잘 마쳤더구나. 어떻게 그렇게 잘한 것이냐?" 아닐 것 같았다. 아마도 하나님은 "내가 맡긴 아들은 잘 키웠느냐?"라고 물어보실 것이다. 고개가 수그러졌다.

　자녀교육 세미나에서 한 목사님이 알려준 성경말씀을 읽고 나서 내 생각은 확신으로 변해갔다. 하루는 한 남자가 예수님을 찾아와 가장 중요한 계명이 무엇이냐고 물었다. 예수님께서는 쉐마 구절이라고 알려진 신명기의 한 구절을 골라내어 말씀하셨다. 쉐마 구절이란 '들어라 이스라엘아'의 히브리어가 '쉐마 이스라엘'이어서 붙여진 이름이다.

"이스라엘은 들으십시오. 주님은 우리의 하나님이시요, 주님은 오직 한 분뿐이십니다. 당신들은 마음을 다하고 뜻을 다하고 힘을 다하여, 주 당신들의 하나님을 사랑하십시오." (신 6:4~5)

이 구절은 익히 알고 있었다. 그런데 목사님이 그다음 구절까지 읽자, 나는 몹시 당황했다.

"내가 오늘 당신들에게 명하는 이 말씀을 마음에 새기고, 자녀에게 부지런히 가르치며, 집에 앉아 있을 때나 길을 갈 때나, 누워 있을 때나 일어나 있을 때나, 언제든지 가르치십시오." (신 6:6~7)

이 성경 구절들은 무작위로 놓인 것이 아니라, 하나님의 의도대로 쓰인 것이다. 이 구절을 읽으면 자녀교육에 대한 영감을 얻을 수 있다. 제 1계명, 즉 마음을 다하고 뜻을 다하고 힘을 다하여 하나님을 사랑하라는 계명의 실천방법은 무엇일까? 첫 번째, 이 말씀을 자신의 마음에 새기는 것이고, 두 번째, 자녀의 마음에 말씀을 새기는 것이다. 예수님이 지목한 제 1계명을 실천하려는 사람은 자녀에게 말씀을 가르쳐야 한다. 순간 이런 생각이 떠올랐다. '아하, 이를 어쩌나! 이제는 도망갈 구멍도 없네. 꼼짝없이 내 책임이구나.' 자녀는 하나님께서 맡기신 큰 선물이자 책임이므로 가장인 아버지는 이 책임에서 자유롭지 않다.

하나님께서 아이들을 어떻게 키웠느냐고 물으실 때 어떻게 답할지 생각해보았다. "애들 교육이요? 그건 아내에게 물어보세요. 한국에서 자녀교육은 아빠들 소관이 아니랍니다." 아무리 생각해도 이건 답이 아니었다. 학교에 가고 싶지 않다던 아들의 고민은 알고 보니 하나님께서 내게 주신 과제였다. 나는 이 과제 앞에서 진지해졌고 서서히 아이들 교육에 유난 떠는 극성 아빠로 변해가기 시작했다.

chapter 02

여호와이레, 하나님의 산에서 준비되리라

2012년 현민이가 학교에 다니는 대신 검정고시를 치르고 싶다고 하여 우리 부부는 무척 심난해졌다. 마침 휴가를 받은 나는 아내에게 잠시 머리를 식힐 겸 양평에 다녀오자고 제안했다. 양평의 유명산 중턱에는 우리 부부가 가끔 찾는 카페가 있는데, 아내는 그 카페에 전시된 예쁜 그릇과 예술 작품을 좋아했다. 카페에 다다랐을 때 축구를 하고 있는 십대 청소년들이 눈에 띄었다. 이 시간에 웬 아이들이? 낯선 우리에게도 반갑게 인사를 건네는 아이들이 하도 신기해서 아이들에게 물어보았더니 뜻밖의 대답이 돌아왔다.

"여기가 우리 학교예요."

곧이어 한 외국인이 건물에서 나오기에 물어보니 선생님이란다.

이건 무슨 조화란 말인가. 우리가 좋아하던 카페는 어느새 학교가 되어 있었다. 전날 밤, 검정고시를 치르겠다는 아들 때문에 머리가 무겁던 우리 부부는 그 순간에 하나님의 손길이 작용하고 있다는 것을 느꼈다. 우리 부부는 이전부터 하나님이 어떻게 일하시는지 경험해왔기 때문에 이번에도 하나님이 개입하신다는 사실을 느낄 수 있었다. 우리 가정이 궁지에 몰리면 하나님은 갑작스럽게 길을 보여주곤 하셨다. 예를 들어, 대출이자를 갚을 길이 없어 전전긍긍하고 있으면 느닷없이 보험회사에서 연락이 와서 잊고 있었던 보험금을 보내주는 식이다. 이처럼 하나님의 인도하심이 있을 때는 우리는 그냥 겸손히 하나님을 따라가기만 하면 된다.

외국인 교사에게 공손하게 학교의 이름을 물었다. 열방기독학교라고 했다. 열방기독학교(All Nations Christian Academy, ANCA 또는 앤카)는 해외 선교사 가정의 자녀들이 다니는 대안학교였다. 언제라도 부모를 따라 또 해외로 나갈 수 있기에 ANCA 학생들은 공교육에 편입하는 대신 독자적인 커리큘럼으로 공부하고 있었다.

내친 김에 길을 물어 바로 ANCA 초등학교를 찾아갔다. 3층 벽돌 건물에 교실이 6개 정도의 작은 학교였다. 대각선 길이가 30미터도 되지 않는 운동장에는 울타리가 낮고 문이 없어서 학교 안팎의 구분이 모호했다. 하나님이 무언가 말씀하신다는 걸 느끼고 우리 부부는 기쁜 마음으로 돌아와 현민이에게 ANCA 이야기를 해주었더니 아이 눈이 반짝 빛났다. 그 후, 한 달 동안 우리 가정은 매주 양평을 찾았다. 현민이는 하루 동안 체험학습을 하더니 학교가 좋다면서 뛰어다녔고, 그 다음 주에는 한 주간 기숙사에 머물면서 학교를 다녀보았다. 아들이 돌아왔을 때 학교의 어떤 점이 좋은지 물어봤다.

"운동장에 닭이 지나다녀요. 그리고 점심시간에 밭에 나갔는데 커다란 개가 두 마리나 있었어요."

닭과 개가 있어서 학교가 좋다니, 어이가 없었지만 곧 깨달았다. 우리 부부는 아이가 아파트 단지 내 초등학교에 입학했을 때 잘 되었다고 생각했지만, 정작 아이에게 필요한 것은 자연이었다. 내가 아이를 몰라도 한참 모르고 있었다. 그러니 결국 보다 못한 하나님이 우리 부부를 산으로 부르신 것이었다.

내가 있는 산으로 오너라

하나님은 종종 산으로 사람들을 불러다 말씀하신다. 가장 극적인 대화는 아브라함에게 하신 말씀이리라.

하나님이 말씀하셨다. "너의 아들, 네가 사랑하는 외아들 이삭을 데리고 모리아 땅으로 가거라. 내가 너에게 일러주는 산에서 그를 번제물로 바쳐라." 아브라함이 다음날 아침에 일찍이 일어나서, 나귀의 등에 안장을 얹었다. 그는 두 종과 아들 이삭에게도 길을 떠날 준비를 시켰다. 번제에 쓸 장작을 다 쪼개어 가지고서, 그는 하나님이 그에게 말씀하신 그 곳으로 길을 떠났다. 사

흘 만에 아브라함은 고개를 들어서, 멀리 그 곳을 바라볼 수 있었다. (창 22:2~4)

아들을 바치라는 말에 아브라함은 토를 달지 않고 바로 다음날 길을 떠났지만 그 마음은 무거웠다. 하지만 그에게 하나님에 대한 믿음이 있었다는 것을 그가 일행에게 한 말에서 엿볼 수 있다.

그는 자기 종들에게 말하였다. "내가 이 아이와 저리로 가서, 예배를 드리고 너희에게로 함께 돌아올 터이니, 그 동안 너희는 나귀와 함께 여기에서 기다리고 있거라." (창 22:5)

아이와 함께 돌아오겠다는 말은 아브라함의 믿음의 고백이었다. 아브라함은 하나님께서 제물로 바칠 아들 이삭을 다시 살려주실 것을 믿었다. 그의 믿음대로 이삭은 살아 돌아왔고 아브라함은 하나님이 아들 이삭 대신 숫양을 제물로 준비해주신 것에 감사했다. 그래서 그 지역을 '하나님의 산에서 준비되리라'는 뜻의 여호와이레라고 불렀다.

몇 번의 고민 끝에 우리 부부는 결국 현민이를 ANCA에 입학시키지는 않았다. 하지만 우리 가정은 ANCA를 계기로 하나님께서 세 아들의 자녀교육을 인도하신다는 확신을 얻어 세 아들 모두 홈스쿨링을 시작했고, 이후로 우리 가정을 '여호와이레 홈스쿨'로 부르기

현민이와 함께 성경 읽기

시작했다.

　지금도 하나님은 종종 우리를 산으로 부르신다. 바쁜 도시 생활에 반쯤 넋이 나간 우리와 대화하시려고 하나님은 조용히 우리를 부르신다. 우리 부부는 하나님이 부르실 때는 겸손하게 마음을 열고 듣겠다고 결정했다. 그러자 하나님이 친히 손을 잡고 우리 가정을 이끌어주셨다. 👫

chapter 03

우리나라 학교 교육을
되돌아보다

현민이를 어찌 가르칠까 고민하다가 자연스럽게 우리나라 교육현실에 대해 들여다보게 되었다. 궁금한 것들이 하나둘 눈에 띄기 시작했다. 우리나라 학생들이 그렇게도 열심히 공부하는데 이 사회가 선진국을 따라가지 못하는 이유는 뭘까? 구직자들의 스펙은 날로 좋아지는데도 왜 직장을 갖지 못하는 사람은 계속 늘어나는 걸까? 공교육의 시작이 독일이라는데 정작 현재 독일이 학생들에게 공부를 강요하지 않는 이유는 뭘까? 질문이 끊임없이 계속되었고 그러다 서서히 깨닫게 되었다. 우리나라 학생들이 고생하는 것은 우리나라 교육 시스템에 병목 구간이 있기 때문이라는 것을. 병목 구간에서는 차가 아무리 좋아도 속도를 낼 수 없는 것처럼 우리나라 학생들은 대학입시라는 병목 구간에서 지쳐가고 있었다.

우리나라의 교육현실을 바꾸는 방법은 무엇인지, 병목 구간에서 지쳐가는 아이들을 지도하는 방법은 무엇인지 고민하기 시작했다. 자녀를 교육을 통해 성장시키는 과정은 마치 자동차의 연비를 개선하는 과정과 비슷한데, 자동차 업계는 오래전부터 연비를 개선하려고 노력해왔다. 첫 번째 방식은, 차의 성능을 개선해서 적은 기름으로도 멀리까지 갈 수 있게 만드는 방식이다. 또 따른 방식은 내비게이션을 활용해서 막힌 도로를 피해 가는 것이다.

그중에 우리나라는 차의 성능을 개선해 연비를 끌어올리는 첫 번째 방식의 교육 시스템을 채택하고 있다. 그래서 학생들은 각 개인의 경쟁력을 높이려고 밤낮으로 공부한다. 그러다 보니 육체적, 정서적 건강이 나빠지고 적지 않은 학생이 심리적으로 탈진한다. 하지만 이것 외에는 다른 방법을 알지 못하기에 부모도 자녀도 병목 구간에서 지쳐간다.

선진국 교육은 내비게이션 방식

반면, 북미나 유럽의 교육 시스템은 내비게이션에 가깝다. 학생들에게 한 곳으로 몰리지 말고, 덜 막히는 길로 가라고 안내하는 시스템이다. 물론 그곳에서도 명문대를 목표로 하는 소수 학생들은 우리나라 학생들 못지않게 공부하지만 대다수 학생은 방과후 취미를 즐기며 여유를 누린다. 선진국 학생들이 여유를 즐기고도 비교적 윤택

한 생활을 하는 것은 낭비가 적기 때문이다. 즉, 우리나라처럼 다수 학생이 대학진학이라는 병목 구간에서 정체를 경험하지 않는다는 말이다. 공부에 재능이 있는 학생은 대학으로, 재주가 뛰어난 학생은 기술직으로 진로를 추천받기 때문이다.

예를 들어, 독일에서는 초등학교 4년 과정을 마치는 만 10세쯤에 상급학교를 결정한다. 담임교사가 학생의 적성과 학업능력을 참작하여 학교를 추천하는데, 상급학교에 따라 이후 인생의 길이 달라진다. 9년제 김나지움을 졸업하는 학생들은 대체로 대학에 진학하고, 6년제 레알슐레 졸업생들은 대학에 가는 대신 사무직, 행정직으로 직업을 선택하고 5년제 하웁트슐레 졸업생들은 기술직 등의 직업을 구한다.

우리나라의 부모라면 교사의 조언을 무시하고서라도 자녀를 김나지움으로 진학시키겠지만, 직업의 귀천을 가리지 않는 독일의 학부모는 대체로 교사의 조언을 충실히 따른다. 그렇다고 해서 한번 결정한 진로가 영원히 결정되는 것은 아니다. 그 결과 독일의 교육 시스템에서는 우리나라처럼 대학 앞에서 병목현상이 발생하지 않는다. 대학에 진학하지 않고도 독일 학생들은 20대 초반에 기술직으로 시작하여 경력을 쌓으면 30대에 숙련공, 40대에 전문가 대우를 받을 수 있다.

반면 우리나라는 어떠한가? 인문계 고등학생 대부분은 대학진학을 위해 밤늦게까지 공부하고, 대학을 마치면 전공과 상관없이 공무원 시험이나 대기업 입사를 위해 또 공부한다. 이러다 보니, 많은 청년들은 전공과 상관없는 직업으로 경력을 시작한다. 전공과 무관한 직업으로 시작하니 당연히 경력개발 속도가 독일의 청년에 비해 느릴 수밖에 없다. 한국인의 재능이 뛰어나지만 여전히 우리 사회가 살기 힘든 이유 중 하나는, 이처럼 인생에서 낭비가 너무 많기 때문이다.

이런 이유로 경제적 여유가 있는 가정에서는 자녀를 외국에 유학 보낸다. 이민생활을 견디는 가정의 상당수는 자녀가 행복하게 학교에 다니는 모습을 보며 참는다고 한다. 일전에 방학기간에 미국을 방문했다가 이민 가정의 아이에게 방학이 즐거우냐고 물었다가 무안을 당한 적이 있었다. 아이는 그럴 리가 있냐는 표정으로 내게 답했다. "집에 있으니 심심해요. 얼른 방학이 끝나고 학교에 가고 싶어요." 행복한 학교생활을 하는 아이가 부러웠다.

이민 떠날 형편도 아니고, 자녀를 해외에 유학 보내지도 못하는 가정은 어쩌란 말인가? 난감했다. 그러다가 이런 생각이 떠올랐다. '유학을 가본 적 없는 나도 잘살고 있잖아. 그런데 뭘 걱정해. 기도하면 되지.'

아무것도 염려하지 말고, 모든 일을 오직 기도와 간구로 하고, 여러분이 바라는 것을 감사하는 마음으로 하나님께 아뢰십시오. 그리하면 사람의 헤아림을 뛰어 넘는 하나님의 평화가 여러분의

마음과 생각을 그리스도 예수 안에서 지켜 줄 것입니다. (빌 4:6~7)

　성경은 우리에게 바라는 것이 있으면 하나님께 아뢰라고 말한다. 우리가 요구하는 대로 하나님께서 다 주실 것이라고는 하지 않지만, 분명하게 우리에게 염려하지 말라고 주문하신다. 걱정은 영혼을 갉아먹는 법이니까 말이다.

　일상에 대해 걱정하는 것은 하나님이 없다거나, 우리 일상에 영향을 미치지 못할 정도로 무능하다고 생각하는 것과 다를 바 없다. 그래서 걱정하는 대신 공부하기로 결정했다. 어디서부터 시작해야 할지는 분명했다. 성경에서 시작하는 것이다. 변변한 학교도 없던 시절에 아브라함은 떠돌이 생활을 하면서도 아들을 가르쳤고, 요셉은 열일곱 살 때까지 부모와 할아버지에게서 배운 신앙으로도 충분히 영적인 사람이 되었다. 성경에는 충분한 단서들이 있었고 우리 가정은 그것을 찾아나섰다.

chapter 04

유대인 자녀교육 벤치마킹

　세계에서 자녀교육을 잘하기로 소문난 사회는 어디일까? 도심 공립학교에서 경찰관이 금속탐지기로 학생들의 가방에서 총과 칼을 찾아내야 하는 미국은 아니다. 치열한 입시경쟁 속에서 젊은이들이 외로움과 스트레스를 이기지 못해 오타쿠(집에 틀어박혀 한 가지 일에 광적으로 몰두하는 사람)와 고독사로 고생하는 일본도 아니다.

　반면 이런 사회는 어떠한가? 분단국가와 피식민지의 경험을 가지고 있고, 이웃나라로부터 지금도 전쟁의 위협을 받는 사회, 효심을 강조하고 공부를 중요하게 여겨서 우리 사회와 유사점이 많은 사회, 게다가 인구는 세계의 0.2%에 불과하지만 노벨상 수상자의 20% 이상을 배출하고 있는 사회. 자녀교육 측면에서 한국 사회가 연구할 만한 후보는 바로 유대사회다.

　유대인은 공부하는 민족이라는 별명을 가질 정도로 교육열이 강하다. 몇 해 전, KBS 〈공부하는 인간〉이라는 방송 프로그램에서 한국계 유대인 릴리 마골린이 소개되면서 유대인의 자녀교육 방법에 관심을 갖는 사람들이 늘었다. 릴리 마골린은 혈통으로는 한국인, 국적으로는 미국인, 문화적으로는 유대인이다. 이 사례에서 알 수 있듯 유대인이란 혈통이나 국적의 구분이 아니다. 이스라엘 국민이 모두 유대인이지도 않다. 그중에는 이슬람 신앙을 가진 팔레스타인 사람도 있다. 미국 국적을 가지고도 이스라엘 군대에 입대할 정도로 열성적인 유대인이 있는가 하면, 성경에 별로 관심이 없는 유대인도 있다. 그러니 유대인의 자녀교육을 벤치마킹 한다는 것은 신앙과는 별 상관이 없다.

둘이서 하는 공부, 하브루타

　유대인들의 공부법은 흔히 '하브루타'로 알려진 토론식 공부법으로 둘씩 짝지어서 같이 책을 읽고 서로에게 질문하는 공부법이다. 최근에는 학원이 생길 정도로 관심을 끌고 있지만, 하브루타의 철학과 방법을 제대로 이해하고 적용하는 사람은 많지 않다. 하브루타를 하려면 먼저 두 명씩 짝을 정해야 한다. 혼자 공부하는 데 익숙한 사람들에게는 몹시 낯설겠지만, 짝지어 공부하는 방법은 학습효과가 매우 크다. EBS 다큐 프라임 〈우리는 왜 대학에 가는가?〉라는 방송 프로그램에서 이 방법을 실험했는데, 이른바 '말하는 공부방' 효과는 무척 컸다. 실험에 참가한 대학생들은 세 시간 동안 세계사를 공부한 후에 시험을 보았다. 단답형 문제, 유추형 문제, 서술형 문제를 한 시간 동안 푸는 시험이었다. 시험은 수학능력 평가위원이 출제하고 채점할 정도로 엄정하게 진행되었고, 그 결과 하브루타 방식을 적용한 '말하는 공부방'의 학생들이 독서실 형태로 진행된 '조용한 공부방'의 학생들보다 월등하게 좋은 성적을 냈다. 쉽게 말해, 떠들면서 공부해야 공부가 더 잘 된다는 말이다.

우리 사회에서 토론이라 하면, 대개 자기 주장을 내세워 상대방을 설득하는 것으로 아는데 이것은 사실 논쟁에 가깝다. 그렇기 때문에 우리나라 사람들은 흔히 토론회를 열고서 목청 높여 싸운 뒤에 서로에게서 딱히 더 배우는 것이 없이 헤어진다. **반면, 하브루타에서는 질문을 강조한다. 질문을 받은 사람이 자기 의견을 주장하기 때문에 얼핏 보면 하브루타와 논쟁은 비슷해 보인다. 하지만 하브루타를 하는 사람들은 대답이 아닌 질문으로 서로의 지적 수준을 파악할 정도로 질문을 중요하게 여긴다. 하브루타를 하는 사람들은 수준 높은 질문을 하려고 노력하고, 상대방의 질문의도와 이해수준을 고려해서 의견을 제시하기 때문에 헤어질 때 서로에게 배웠다고 느낀다.**

하브루타의 전통은 무척 오래된 역사를 가지고 있다. 유대인들은 모세가 하나님을 만나 율법을 받았을 때 이 공부법도 함께 전해졌다고 말한다. 이 주장을 확인할 길은 없지만 성경 안에 하브루타를 암시하는 구절들은 종종 찾을 수 있다.

혼자보다는 둘이 더 낫다. 두 사람이 함께 일할 때에, 더 좋은 결과를 얻을 수 있기 때문이다. (전 4:9)

쇠붙이는 쇠붙이로 쳐야 날이 날카롭게 서듯이, 사람도 친구와 부대껴야 지혜가 예리해진다. (잠 27:17)

이렇게 좋은 공부법을 우리는 왜 몰랐던 것일까? 그렇지 않다. 우리 조상들도 하브루타 방식으로 공부했다. 우리 조상들은 아이들을 서당에 보냈는데, 학생들의 진도는 제각각이었다. 학생들은 제자리에 앉아 몸을 앞뒤로 흔들면서 책을 소리 내어 읽었고, 훈장은 학생들을 하나씩 불러내어 책을 암송하게 하고 그 뜻을 물었다. 훈장은 종종 우수한 학생들에게 부진한 학생들을 지도하게 했다. 그러면 학생들은 둘씩 짝지어 책을 읽고 서로에게 질문하며 공부했다. 즉, 하브루타는 유대사회의 고유한 공부법이 아니라 우리가 복원해야 할 고전 공부법인 것이다. 단지 유대사회가 현재까지 이 방법을 유지하고 있기에 그들에게서 배우는 것이다.

안타깝게도 획일적인 공교육이 도입되면서, 우리 사회에서 둘씩 짝지어 책을 읽는 하브루타 공부법은 사라졌다. 하지만 자녀교육에 신경을 쓴다는 가정에서는 요즘에도 이렇게 아이들을 키운다. 한국계 과학자 데니스 홍은 한 인터뷰에서 아들을 어떻게 가르치는지에 대해 소개했다. 어느 날, 아들이 찾아와 냉장고 내부에 불이 켜 있어서 전기가 낭비된다고 말했다. 그것을 어떻게 아느냐고 물었더니 아들은 매번 냉장고 문을 열 때마다 불이 켜있더라고 답했다. 일반적인 아버지라면 냉장고 전구를 켜는 버튼을 찾아주었겠지만, 데니스 홍은 스마트폰으로 냉장고 속을 촬영하게 했다. 냉장고 문이 닫히자마자 불이 꺼지는 것을 알게 된 아들은 냉장고 내부를 뒤져서 버튼을 찾아냈다. 답을 알려주지 않고 스스로 생각해서 찾아내도록 질문하고 부추기는 데니스 홍의 자녀교육법은 유대인의 하브루타와 다르지 않다.

하브루타의 대가, 주님

내가 유대인의 자녀교육법에 관심을 가진 것은 2012년부터. 《부모라면 유대인처럼 하브루타로 교육하라》는 책을 읽고 저자 전성수 교수님의 세미나를 찾아갔다. 이후, 《탈무드》 연구 모임에서 하브루타 방식을 직접 익혔다. 하브루타로 공부를 해보니 몇 가지 특징을 찾을 수 있었다. 하브루타의 방식에는 진도도 없고 정답도 없다. 일평생을 다 바쳐도 하나님 말씀을 모두 이해할 수 없으니, 우리는 진도에 대한 압박감 없이 각자의 이해수준에 맞게 쉬지 않고 공부하면 된다. 이른바 '진도를 뽑기' 위해 책을 건성으로 읽지 않는다. 정답이 없다는 점 때문에 하브루타에 참여한 사람들은 틀린 답을 낼까봐 염려할 필요가 없다. 의견을 내놓고 배워가며 수정하면 된다. 두려움 없는 공부를 격려하기 위해 이런 농담도 한다. '모른다고 하면 한 번 바보가 되지만, 그 말을 안 하면 평생 바보로 살게 된다. 그러니, 모른다고 인정하고 질문하라.'

천천히 그러나 분명하게 공부하는 하브루타의 특징 때문에, 학업성적 향상이 목표인 부모는 종종 실망한다. 정답이 뻔한데도 천천히 그리고 멀리 돌아가는 듯한 공부법이 답답하게 보일 수밖에 없다. 하지만 지난 3년간 아들과 하브루타 방식으로 공부한 결과, 갈수록 아들의 학습속도가 빨라지는 것을 발견했다. 왜냐하면 하브루타는 지식을 전달하는 수업이 아니라, 스스로 생각하고 답을 찾아가는 능력을 키우는 공부법이기 때문이다.

곰곰이 생각해보면 최고의 하브루타의 대가는 주님이시다. 하나님은 매번 우리에게 고민거리를 주시고는 뒤로 물러나서 우리가 스스로 답을 찾아내도록 기다리신다. 자녀에게 적용해보면 알겠지만 하브루타는 무척이나 부모의 속을 태우는 공부법이다. 그래서 부모는 자꾸만 답을 알려주고 싶은 유혹을 느낀다. 그 유혹에 넘어가서 답을 알려주면 아이들은 스스로 공부하는 방법과 재미를 배우지 못한다. 부모는 조바심을 다스리고 여유를 가지고 질문하는 법을 연습해야 한다. 그래야지만 스스로 질문하고 생각하는 아이로 키울 수 있다.

chapter 05

고전교육 벤치마킹 – 트리비움(Trivium)

선생님이 학생들에게 질문을 던졌다.

"여러분, 무지와 무관심의 뜻을 구분해볼 수 있겠어요?"

"선생님, 그런 건 시험에 안 나오잖아요."

"시험에 나오는 것만 공부하는 것은 아니에요. 뜻을 말하기 어렵다면, 예를 들어서 설명해볼까요?"

"몰라요, 관심 없어요."

"그래, 그거야! 바로 그게 정답이야."

처음에 이 농담을 듣고 바로 웃지 못했고 조금 뒤에야 유머포인트가 무엇인지 알게 되었다. '몰라요'는 무지의 예가 되고, '관심 없어요'는 무관심의 예가 된다. 하지만 내용을 알고도 여전히 웃지 못하겠다. 농담이라고 하기에는 요즘 학교의 모습과 너무도 닮았기 때문이다. 시험에 나오지 않는 내용이라면 학생들은 알지 못하고 관심도 없다. 과연 이게 정상일까? 학생들이란 호기심에 가득 차서 이것저것 궁금해해야 하는 존재가 아닌가? 학교라는 영어 단어 School의 어원이 되는 그리스어는 '여유'라는 뜻을 가지고 있다. 즉, 최초의 학교는 여유 있는 귀족의 자녀들이 여가를 잘 보내기 위해 교양수업을 받는 즐거운 장소였다.

가정교육의 모범을 찾아 유대인 가정을 알아본 나는, 즐거운 학교의 모범을 찾기 위해 기독교 고전교육에 대해서도 알아보았다. 기독교 고전교육은 문법, 논리, 수사의 3단계로 되어 있다. 이를 두고 3단계라는 뜻을 가진 라틴어 '트리비움(Trivium)'이라고 부른다.

트리비움 3단계

1단계 문법(Grammar, 그래머) 문법을 배우는 시기라는 뜻으로, 학문의 기초가 되는 기초원리를 배우는 시기다. 사전 지식이 없는 3세 전후로 아이들은 암기 위주의 공부를 하는데 신기하게도 이 시기의 아이들은 암기를 별로 어려워하지 않는다. 이 시기의 아이들을 키우는 부모라면, 포켓몬스터 캐릭터의 복잡한 진화단계를 줄줄 외우는 아이를 보고 감탄해본 일이 있을 것이다. 아이들은 즐겁게 학문의 기초원리, 세상을 살아가는 기본예절을 배운다.

2단계 논리(Logic, 로직)　　그간 쌓은 지식을 바탕으로 참, 거짓을 가리는 논리를 키우는 시기다. 문법 단계에서는 모든 것을 비판 없이 배우던 학생들도 이 시기에 이르면 원리를 묻고 반대의견을 내기도 한다. 여러 가지 책을 읽어대던 아이들은 이때부터 내용이나 주제가 유사한 책을 비교해 읽고 생각을 정리한다. 책 속의 문제점이나 책들 사이의 차이점을 찾아내는 것도 아이의 생각하는 능력이 성장했다는 증거가 된다.

3단계 수사(Rhetoric, 레토릭)　　본격적으로 자신의 생각을 풀어내고 상대방을 설득하는 시기다. 수사 단계에 이른 학생은 수년간 쌓아온 지식을 바탕으로 자신의 생각을 정리하고 발표한다. 학생들은 비록 어설프더라도 자기 생각을 표현하면서 부모를 설득하려 든다. 이 시기에는 과목별로 지식을 나열하는 공부가 아니라 주제별로 탐구하는 공부 방식이 유용하다.

트리비움 3단계, 순서를 바꾸면 안 된다

　문법, 논리, 수사 등의 단어에 압도되기 쉽지만, 사실은 상식적인 이야기다. 우리 조상들도 이렇게 공부했다. 먼저 경전을 읽고 또 읽어 암기한다. 질문을 받으면 경전 내용을 바탕으로 답을 한다. 그러고 나면 나름의 생각을 만들고 이를 말과 글로 풀어낸다. 정확하게 트리비움 방식이다.

여호와께서 말씀하신다. "오너라. 우리 허심탄회하게 이야기해 보자."(사 1:18 일부)

"Come now, and let us reason together," says the Lord…

이사야서는 하나님께서 사람들과 차분하게 대화하고 싶어하신다는 것을 기록하고 있다. '허심탄회하게 이야기하자'는 말의 영어 단어는 reason으로, '논리적으로 생각하다'라는 뜻이다. **하나님은 우리와 함께 생각하고 대화하자고 하신다. 율법을 암기하고 시험을 보라고 하지 않으신다. 트리비움 교육이론은 생각하고 대화하는 능력을 키우는 데 적절한 교육방식이다.** 트리비움을 알고 나니, 요즘의 교육의 문제점과 해법도 찾아낼 수 있었다. 우리나라 교육은 트리비움의 순서를 반대로 뒤집어 하고 있어서 문제가 크다.

문법 단계의 초등학교 저학년 학생에게 토론을 시키는 일은 너무 이르다. 토론교육이 인기를 끌면서 초등학생에게 토론을 가르치는 학원들이 늘고 있다. 그 결과, 어린 학생들의 토론 기술은 늘었지만, 정작 토론에 필요한 책을 요약본으로 읽는 탓에 책을 제대로 읽지도 않고 내용을 안다고 착각하는 어린 학생들이 늘고 있다. 게다가 엄밀히 말하면 학원들이 토론이 아닌 논쟁을 가르치고 있다. 토론(Discussion)의 원래 목적은 대화를 통해 더 좋은 답을 찾아가는 것이다. 그런데 학원들은 학생들에게 말싸움을 통해 승부를 가리는 논쟁(Debate)을 가르친다. 무슨 일에서건 승부와 우열을 가리고 싶어하는 어른들의 욕심에다 학원들의 상술이 더해지면서 초등학생들이 겸손하게 배우기보다는 조목조목 따지는 아이들로 자라고 있다. 때 이른 논쟁교육이 얄팍한 지식으로 무장한 초등생 말싸움꾼을 만들어낼까봐 걱정된다.

논리 단계에 이른 초등 고학년생과 중학생은 생각을 정리할 틈도 없이 여러 학원을 다닌다. 이 시기에는 비교와 분석이 가능해질 정도로 생각이 자라는 시기니, 차분하게 책을 읽고 정리하라고 가르쳐야 한다. 하지만 학생들은 시간을 아끼려고 어른들이 미리 만들어 놓은 과목별 정리노트로 시험준비를 한다. 이러면 아는 것이 많아 보이지만, 어느 순간 감당할 수 없는 지식 앞에 무너지고 만다.

이러한 현상을 배낭에 짐을 싸는 일에 비유해보자. 어떻게 배낭에 짐을 꾸리는 것이 바른 방법일까?

1) 손에 잡히는 대로 물건을 넣는다.
2) 가벼운 것을 아래로 넣고 무거운 것을 위로 넣는다.
3) 무거운 것을 아래로 넣고 가벼운 것을 위로 넣는다.

1)번은 당연히 답이 아니다. 계획 없이 짐을 싸면, 배낭 안에 짐을 다 넣지 못하게 된다. 흔히 사람들은 3)번이 답이라 생각한다. 하지만 이렇게 짐을 싸면 무게중심이 몸 뒤쪽으로 쏠려서 무겁게 느껴진다. 답은 가벼운 것을 아래로 넣고 무거운 것을 위로 넣는 2)번이다.

이러면 무게 중심이 위로 올라가고 배낭이 몸에 밀착해서 가볍게 느껴진다. 배낭에 짐을 담는 일에도 체계적인 방법이 있듯이, 두뇌에 엄청난 지식을 담는 일에도 체계적인 방법이 있을 것이다. 논리 단계에서는 바로 그 방법을 배워야 한다.

논리 단계에서는 학생들이 자신만의 노트 정리법을 개발해야 한다. 지식을 정리하기도 전에 새로운 지식을 더하면 결국 축적되지 못한 지식은 사라지고 만다. 같은 학교를 다니고도 학생들의 성적이 다른 것은 바로 이렇게 지식을 정리하는 능력에 차이가 있기 때문이다. 생각해보자. 마트에서 채소와 고기를 사오면 우리는 무얼 하나? 썰고 다듬어서 냉장고에 넣어둘 것이다. 물건을 잔뜩 쌓아놓고 다시 쇼핑하러 나가는 사람은 어리석은 사람이다. 그런데 학생들은 그렇게 공부한다. 학원을 다녀오고 미처 정리하기도 전에 다음 학원에 가거나 피곤에 지쳐서 잠이 든다. 공부그릇을 키우지도 않은 채 공부량을 늘리면 어느 순간 그릇이 깨진다. 공부를 포기하는 학생들의 공통점 중 하나는 차분하게 정리하는 시간이 적다는 것이다. 욕심이 과해 아이를 망친다는 말은 이를 두고 하는 말이다.

수사 단계에 이른 중학생, 고등학생들이 혼자 공부하는 것은 효과적이지 않다. 지식이 부족한 초등학생을 논쟁 학원에 보내던 부모는 말하면서 공부해야 하는 고등학생을 독서실에 보낸다. 초등학교에서는 그리도 자주하던 모둠 활동이 고등학교에는 거의 없다. 학생들은 동영상을 틀어놓고 각자 공부한다. 이건 마치 자동차를 후진으로

운전하는 꼴과 같다. 당연히 효과가 떨어질 수밖에 없다. 하지만 영리한 학생들은 이런 오류를 스스로 피해가는 법을 깨닫는다. 친구에게 가르쳐주면 내용을 더 잘 이해하게 되는 원리를 터득한 학생들은 입을 열어 말하면서 공부한다. 짝이 이해하지 못하면 쉬운 말로 다시 풀어 설명하는데 그 과정에서 공부한 내용을 다각도에서 복습하고, 애매했던 부분도 정확하게 깨닫는다. 친구를 가르치는 것 같지만, 정작 자신이 공부하는 것이다. 이는 책을 읽으면 생각이 풍부해지고, 글을 쓰면 생각이 분명해지는 것과 같은 원리다.

가정에서 트리비움을 실천하라

문법, 논리, 수사의 3단계가 서양의 교육이론이라거나 옛날 방법이라고 치부하지 말자. 우리의 선조들도 문법 단계의 어린 학생들에게는 천자문, 명심보감 등을 반복해서 읽고 암기하게 했다. 학생의 공부가 어느 수준에 이르면, 스승은 학생에게 경전의 내용을 설명하라고 주문한다. 이 과정에서 학생들은 경전의 내용을 정리해서 자기 나름의 방식으로 표현한다. 학생의 공부수준이 충분히 성장하면, 스승은 옛 성현의 말씀에 기초하여 민생 사안을 토론하고 해법을 내보라고 주문한다. 조선의 임금들도 경연이라는 자리를 통해 대신들과 경전을 토론하면서 민생현안에 대한 답을 찾아갔다. 트리비움의 교육원리와 일치한다.

수세기에 걸쳐 검증되어 온 트리비움(Trivium) 교육이론은 창의적인 인재를 요구하는 21세기에도 잘 어울린다. 트리비움은 동년배들을 한데 묶어서 같은 내용으로 가르치라고 하지 않는다. 아이들의 이해수준에 맞추어서 공부를 지도한다는 원리야말로 가장 현대적이지 않나. 학원의 상술에 휘둘려서 초등학생에게 논쟁의 기술을 가르치고, 고등학생에게 암기를 강요하는 것은 앞뒤가 바뀐 형국이다. 이러한 현상은 순종적인 공장노동자 양산을 목적으로 하는 산업화 시대의 공교육 논리가 만들어낸 슬픈 결과이다. 21세기는 창의의 시대라고 한다. 창의 시대에 걸맞은 다음 세대를 위한 교육대안은 산업화 이전 시대의 교육방식에서 찾을 수 있다. 그것이 하브루타와 트리비움이다. 하브루타와 트리비움을 알고 나니, 실천의 이슈만 남았다. 더 이상 미룰 수도 없는 일. 아버지가 책임지는 가정교육은 그렇게 시작되었다.

chapter 06

아버지의 책임, 어른의 책임

　자녀양육에서 아버지의 책임은 어디까지일까? 자식농사를 망친 대표적인 성경 속 인물인 제사장 엘리는 아마도 이렇게 말할 것이다. '부모의 책임은 무한대라오. 할 수 있는 일은 뭐든지 해서라도 자식을 제대로 가르치시오.' 엘리는 어린 사무엘을 양자로 받아들여, 훗날 사사시대를 끝내고 왕국시대를 이끈 선지자로 키워냈다. 하지만 정작 자신의 두 아들을 제대로 훈육하지 못했다. 결국 엘리의 가정은 하나님의 저주를 받는 지경에까지 이르고 만다. 이스라엘이 전쟁에서 지고 두 아들이 죽었다는 말을 듣고도 쓰러지지 않았던 제사장 엘리는, 주님의 법궤를 빼앗겼다는 말에 뒤로 넘어져 죽고 말았다. 민족을 대표하던 제사장의 마지막은 보잘것없고 안쓰럽기까지 하다. 엘리의 이야기를 묵상하면서 나는 아버지의 책임에 대해 깊이 이해하고 준비할 수 있었다.

한편, 자식의 영적 상태에 대해 부모가 책임진다는 말에 대해 복잡한 감정이 느껴졌다. 물론 최선을 다해 자녀를 영적인 그리스도인으로 키우기 위해 애쓰겠지만, 성인이 된 자식의 영적 건강까지 아버지가 책임질 수는 없다. 그렇게 하다가는 자칫 아들을 무기력한 로봇으로 만들거나, 독립하려는 아들과 다투게 된다. 성경은 죄를 남에게 넘기지 말라고 한다.

그러나 그는 처형한 신하의 자녀는 죽이지 않았다. 그것은 모세의 율법서에 기록된 말씀을 따른 것이다. 거기에는 "아버지가 자녀 대신에 처형되어서도 안 되고, 또 자녀가 아버지 대신에 처형되어서도 안 된다. 오직 각 사람은 자신이 지은 죄에 따라 처형되어야 한다" 하고 말씀하신 주님의 명령이 있다. (왕하 14:6)

엘리는 두 아들의 타락에 대한 책임을 지지만, 두 아들의 죄로 인해 죽은 것은 아니었다. 자세히 들여다보니 엘리의 다른 죄가 보이기 시작했다. 첫 번째 죄는 자녀훈육을 방치한 무책임이었다.

엘리는 자기의 아들들이 스스로 저주받을 일을 하는 줄 알면서도, 자식들을 책망하지 않았다. (삼상 3:13)

그런데 조금 더 자세히 보니, 엘리가 두 아들의 죄에 동참한 정황을 찾을 수 있었다. 두 아들은 하인들을 시켜 제물의 일부를 강탈하곤 했는데, 엘리가 그 음식을 함께 먹거나 최소한 말리지 않았다는 점이다. 하나님께서 사무엘을 통해 엘리의 잘못을 지적하실 때 엘리가 '스스로 살찌도록 했다'고 하셨다. 이 말은 엘리가 두 아들이 강탈한 고기를 먹고 살이 쪘다는 말일 것이다. 실제로 그는 뚱뚱해서 의자가 넘어질 때 목이 부러져 죽었다고 한다.

어찌하여 너는 나보다 네 자식들을 더 소중하게 여기어, 나의 백성 이스라엘이 나에게 바친 모든 제물 가운데서 가장 좋은 것들만 골라다가, 스스로 살찌도록 하느냐? (삼상 2:29)

이로써 나는 한시름 놓았다. 엘리는 아들의 죄로 죽지는 않았다. 대신 그는 자식교육을 게을리한 죄와 자식의 죄에 동참한 죄값을 호되게 치렀다. 엘리는 두 아들이 어릴 때 회초리를 들어서라도 가르쳐야 했지만 어느 순간 훈육을 멈추었고, 두 아들은 그렇게 성인이 되어버렸다. 그리하여 엘리는 실패한 아버지로 기록되었다. 엘리와 같은 실수를 하지 않고 아이들을 제대로 가르치려면 무엇을 해야 할지 고민하기 시작했다.

예전에 한 후배가 선생님으로부터 배운 교육의 정의를 알려주었다. 고교 시절, 국어선생님은 적지 않은 나이에도 불구하고 유머가 풍부하여 학생들에게 인기가 많았다. 어느 날, 선생님은 학생들에게 "교육이란 무엇인가?"라는 질문을 하셨다. 대답을 못하고 멀뚱멀뚱 선생님을 쳐다보고 있는 학생들에게 선생님은 이렇게 말을 이어가셨다.

"너희 중 한 명이 겨울의 시베리아를 아버지와 함께 걷고 있다. 매우 춥고 배고프고 눈까지 오는 극한상황인데, 아버지가 기력이 다하셨다. 마을까지의 거리는 '너 혼자 간다면 살아서 간신히 도달할 수 있는 거리'이지만, '아버지와 함께 간다면 반드시 죽을 수밖에 없는 거리'다. 그런 상황에서 너는 어떤 결정을 하겠는가?"

비록 상상이었지만 워낙 민감한 상황인지라 아무도 감히 대답을 못했고 교실은 숙연해졌다. 그때 선생님께서 조용히 말씀하셨다.

"교육이란 그런 상황에서도 아버지를 등에 업고 걸어가도록, 평소에 회초리를 들어서라도 가르치는 것이다."

교실은 다시 고요해졌다. 철없는 고등학생들도 그 순간은 삶의 무게를 묵직하게 느끼고 있었다.

하나라도 더 구해야 한다

그렇다. 교육이란 회초리를 들어서라도 평소에 자녀가 바른 길로 가도록 가르치는 것이고, 그 무엇보다 부모가 모범이 되어야 한다. 2014년 내게 그런 순간이 찾아왔다. 무심코 뉴스를 보았는데, 배가 가라앉는다고 했다. 이어 여러 시간 동안 보도 내용은 혼란스러웠다. 도대체 몇 명이 살고 몇 명이 아직도 차가운 바다 속에 있는지 정확하게 알 수가 없었다. 그날 밤에 나는 무릎을 꿇고 울면서 기도했는데 나이 마흔이 넘어서 그렇게까지 간절히 기도해본 적이 없었다. 하지만 단 한 명도 더 살아나오지 못했다. 처음에는 슬펐고, 이어서 화가 났고, 나중에는 부끄러웠다. 우리나라 수준이 고작 이 정도밖에 안 된단 말인가. 시간이 흐르면서 슬픔의 통증은 잦아들었지만, 내 마음속에서 하나의 메시지가 선명하게 떠올랐다.

'하나라도 더 구해야 한다.'

아버지는 회초리를 들어서라도 자녀를 가르쳐야 하고, 어른들은 찬물에 뛰어들어서라도 아이들을 구해야 한다. 우리 가정이 홈스쿨링을 하면서 나는 비로소 아버지의 책임을 감당하기 시작했다. **하지만 방향을 잃고 방황하는 청소년들을 도와야 하는 어른의 책임에는 손도 대지 못하고 있었다. 그래서 세월호 사건을 계기로 청소년을 돕는 일을 시작하기로 결심했다.** 봉사활동에 필요한 시간을 만들기 위해 회사를 그만두었고 맨 먼저 큰 아들 현민이와 함께 2주간 캄보디아로 떠났다. 그리고 홈스쿨 학생들을 대상으로 중학교 과학 수업을 시작했다. 이런 나를 보고 친구들은 격려해주었고, 가까운 사람들 중 일부는 걱정하는 마음을 솔직하게 나누었다. 왜 세상 흘러가는 대로 살지 않고 굳이 나서느냐고. 그때 내게 영감을 준 성경말씀이 있었다.

캄보디아에서 중학생 대상 수업 : 독서의 기술

여러분은 이 시대의 풍조를 본받지 말고, 마음을 새롭게 함으로 변화를 받아서, 하나님의 선하시고 기뻐하시고 완전하신 뜻이 무엇인지를 분별하도록 하십시오. (롬 12:2)

홈스쿨링을 통해서 세 아들만 공부하는 것이 아니고 나도 아내도 공부하고 있다. 또 이 시대의 풍조를 본받지 말고 마음을 새롭게 하여 변화를 시도하면 하나님께서 지키고 보호해주신다는 사실도 믿게 되었다. 세월호 사건을 지켜보던 내게, 하나님은 아버지의 책임을 넘어서 어른의 책임을 감당하라고 말씀하셨다. 감사하게도 하나님은 생계에 지장이 없도록 우리 가정을 지켜주고 계신다. 아버지의 책임, 어른의 책임이 여전히 무겁지만 무난히 감당해나갈 수 있도록 하나님께서 계속 도와주시길 기도한다.

PART | 02

자녀교육의 목표와 원칙을 세워라

대한민국의 청소년들에게 취미생활은 사치로 여겨진다.

부모들도 자녀를 대학에 보낼 수만 있다면

자녀의 인성개발은 잠시 접어둘 수 있다고 생각한다.

부모의 이러한 생각은 고스란히 아이들에게 전해진다.

chapter 01

자녀교육의 목표는
자녀 스스로 하나님을 만나게 하는 것

한 기독교 사역자가 미국 아틀란타에 출장을 가서 식당을 찾으려고 전화번호부를 들추다가 재미난 이름을 발견했다. Church of God Grill(하나님의 교회 식당). 예사롭지 않은 이름에 흥미를 느낀 그는 식당에 전화해서 이름의 기원을 물었다.

"이곳에서 교회를 시작했다가 비용을 감당하려고 예배 후에 닭고기 요리를 시작했어요. 인기가 좋아서 손님들이 많이 찾아왔습니다. 늘어나는 손님을 감당하기 위해 우리는 예배 시간을 줄이고 식당 영업 시간을 늘렸지요. 결국 교회를 문닫고 식당 일에만 전념하고 있습니다. 그 과정에서 교회의 이름을 그대로 유지하다 보니 지금처럼 된 겁니다."

교회가 식당으로 바뀌다니, 참으로 어이 없는 일이다. 하지만 목적을 잃어버리고 엉뚱한 삶을 사는 사람들이 어디 한둘이던가! 그래서 역설적으로 목적이 이끄는 삶에 대한 갈망이 크다. 그렇다면 교육열이 뜨거운 우리나라의 부모들은 교육의 목적을 무엇으로 보고 있을까? 교육의 목적을 분명하게 정해놓기는 했을까? 방황하는 청소년들이 늘어난다는 기사가 자주 보이는 것을 보니, 아마도 목적을 잃어버린 교육이 늘어나는가 보다. 그래서 자녀교육의 목적부터 확인하기로 했다.

최고의 교사가 어떤 사람인지 생각해보는 것은 교육의 목적과 목표를 이해하는 데 도움이 된다. 학생들의 개성과 재능을 고려하여 맞춤형 교육을 하는 교사가 있다면, 그는 분명 뛰어난 교사라고 칭찬받을 것이다. 하지만 그런 교사도 최고의 교사 자리에 오를 수는 없다. **학생이 스스로 공부하도록 의욕을 일깨우고 방법을 가르쳐서, 역설적으로 교사가 필요 없는 학생으로 키워내는 교사야말로 최고의 교사이기 때문이다.** 이제 자녀교육의 궁극적 목표가 분명해졌다. 부모의 도움을 받지 않고도 살아갈 수 있도록 자립시키는 교육이야말로 최고의 자녀교육이다. 성경이 바로 그렇게 가르치고 있다.

마땅히 걸어야 할 그 길을 아이에게 가르쳐라. 그러면 늙어서도 그 길을 떠나지 않는다. (잠 22:6)

동물의 세계에서는 이러한 교육이 자연스레 이루어진다. 자연 상태의 동물들은 하나같이 새끼가 스스로 먹고살 수 있도록 가르친다. 이처럼 하루라도 빨리 자립시키는 것이 뛰어난 자녀교육이고 자연을 만드신 하나님의 섭리이기도 하다. 그런데 유독 인간은 너무 오랜 기간 동안 자녀를 품에 안고 살아서, 되레 자녀를 무기력하게 만들곤 한다. 특히 우리나라 부모들의 과잉보호는 도가 지나쳐서 성인이 된 자녀마저도 정신적으로 부모에게서 독립하지 못하게 만들곤 한다.

관여할 것인가, 지켜볼 것인가?

자녀교육이 자녀의 독립을 목표로 한다는 원칙에 동의하면서도 막상 부모가 실천하기에는 힘들게 느껴진다. 왠지 아이들을 방치하는 것 같아 죄책감이 느껴지기도 하는데 이런 상황일수록 성경의 지혜가 필요하다. **자녀교육에는 부모가 적극적으로 관여해서 챙길 영역과 외부에 위탁하고 지켜볼 영역이 있다. 성경은 신앙교육을 부모가 적극적으로 개입해야 할 자녀교육 영역이라고 가르친다.** 예수님께서는 우리가 지켜야 할 가장 중요한 계명이 '주 하나님을 마음과 뜻과 힘을 다해 섬기는 것'이라고 하셨다. 즉, 자녀교육의 핵심은 주 하나님을 섬기는 신앙교육임을 알 수 있다.

당신들은 마음을 다하고 뜻을 다하고 힘을 다하여, 주 당신들의 하나님을 사랑하십시오. 내가 오늘 당신들에게 명하는 이 말씀을 마음에 새기고, 자녀에게 부지런히 가르치며, 집에 앉아 있을 때나 길을 갈 때나, 누워 있을 때나 일어나 있을 때나, 언제든지 가르치십시오. (신 6:5~7)

<u>부모는 자녀에게 신앙교육을 해야 하는데, 그것도 아주 집요한 수준까지 해야 한다. '앉아 있을 때나 길을 갈 때나, 누워 있을 때나 일어나 있을 때나, 언제든지' 가르쳐야 한다. 그러면 자녀가 늙어서도 그 길을 떠나지 않는다.</u> 성경구절을 달달 외우도록 가르치라는 말이 아니라, 자녀가 하나님의 사랑을 이해하고 말씀에 순종하도록 성품을 훈련하는 것을 말한다. 여기까지는 부모가 적극적으로 관여해야 하는 자녀교육의 영역이다.

반면, 부모가 외부의 도움을 받아 가르쳐야 하는 자녀교육의 영역도 있다. 바로 학과목 교육인데, 학과목은 부모가 직접 가르치기 힘들기 때문에 외부의 도움을 받을 수 있다. 학교와 학원, EBS 동영상과 개인교습 등 자녀가 학과목을 공부할 수 있는 방법은 매우 다양하다. 그러니 부모는 아이들이 그 많은 선택사항 중에 무엇을 고를 것인지 상의해주고 진행상황을 확인해주는 것으로 책임을 다할 수 있다.

여기까지 읽은 사람은 곧 깨닫게 될 것이다. 우리나라 부모들의 대다수가 이와 반대로 하고 있다는 사실을! 많은 부모는 성적이 오르고 내릴 때마다 집안 분위기가 바뀔 정도로 자녀의 학과목 교육에 적극적으로 관여하고, 정작 성경이 요구하는 신앙교육에는 뒷짐 지고 있거나 교회학교에만 의지한다. 훗날 자녀들이 하나님 앞에서 증거할 것이다. '집에 앉아 있을 때나 길을 갈 때나, 누워 있을 때나 일어나 있을 때나' 부모님이 이야기했던 것은 학과목 성적뿐이었다는 것을.

하나님의 가르침과 반대로 자녀교육을 하는 부모들이 시험기간에 자녀를 예배에 참석시키지고 않으면서 좋은 성적을 얻기 위해 기도한다면 하나님께서는 뭐라고 하실지 생각해보자. 그 모습이 내게는 출근하지 않고 월급을 달라는 사람과 크게 달라 보이지 않는다.

신앙교육, 성품교육에만 집중하면 사회생활에 필요한 능력이 부족해지지 않을까 하는 걱정이 들 수도 있겠다. 하지만 걱정은 늘 피할 수 없는 일상이고 믿음으로 극복해야 할 대상이다. 우리 가정이라고 해서 자녀교육에 대한 걱정이 왜 없었겠나? 하지만 예전에 이런 말씀을 배웠던 것을 기억한다. '걱정이란 불신앙의 현실적인 표현이다.' 불안을 느낀다는 것은, 하나님이 없거나 있더라도 무능력하다고 생각하는 불신앙의 상태에 들어선 것을 의미한다. 신앙교육과 성품교육에 집중한다고 해서 자녀가 사회생활에 필요한 교육에 뒤처질 것이라는 불안을 느낄 때에는 믿음을 점검할 필요가 있다.

신앙교육·성품교육이 잘되면 하나님이 지켜주신다

신앙교육과 성품교육이 잘된 청년의 이야기를 보자. 열 명의 형들이 일하러 간 사이에 요셉은 아버지 야곱, 할아버지 이삭에게서 성경말씀을 배웠다. 말귀를 알아듣는 아들이 대견해서 야곱은 요셉에게 멋진 옷을 만들어주었는데, 그 일로 요셉은 형들에게 미움을 받았다. 급기야 열 명의 형들은 요셉을 노예상인에게 팔아버렸다. 당시 요셉은 열 일곱 살로 우리나라로 치면 고등학생의 나이였다. 비록 노예의 신분이 되었지만 요셉은 아버지로부터 줄기차게 배웠던 성경말씀을 기억했고, 성실하고 겸손하게 맡은 일을 해냈다. 당연히 일 잘하는 요셉은 주인의 눈에 띄어 집사로 승진했고, 뛰어난 업무능력과 건장한 외모로 인해 모함을 받기도 했지만 그는 잘 이겨내었다. 요셉의 다음 말은 그가 얼마나 훌륭한 청년으로 성장했는지를 단적으로 보여준다.

그러나 요셉은 거절하면서, 주인의 아내에게 말하였다. "주인께서는, 모든 것을 나에게 맡겨 관리하게 하시고는, 집안 일에는 아무 간섭도 하지 않으십니다. 주인께서는, 가지신 모든 것을 나에게 맡기셨으므로, 이 집안에서는, 나의 위에는 아무도 없습니다. 나의 주인께서 나의 마음대로 하지 못하게 한 것은 한 가지뿐입니다. 그것은 마님입니다. 마님은 주인 어른의 부인이시기 때문입니다. 그런데 내가 어찌 이런 나쁜 일을 저질러서, 하나님을

거역하는 죄를 지을 수 있겠습니까?"(창 39:8~9)

요셉의 신앙교육과 성품교육이 가장 크게 빛을 발한 것은 감옥에서였다. 궁금하지 않은가? 어떻게 감옥에서 나오자마자, 그가 한 나라의 요직을 맡을 수 있었는지. 흔히 요셉이 바로의 꿈을 해석해서 총리가 된 것이라 생각하지만 그건 사실이 아니다. 요셉이 이집트의 총리가 된 것은 그가 흉년에 대비하여 내놓은 국정운영 방안이 우수했기 때문이다.

"이제 임금님께서는, 명철하고 슬기로운 사람을 책임자로 세우셔서, 이집트 땅을 다스리게 하시는 것이 좋을 듯합니다. 임금님께서는 전국에 관리들을 임명하셔서, 풍년이 계속되는 일곱 해 동안에, 이집트 땅에서 거둔 것의 오분의 일을 해마다 받아들이도록 하심이 좋을 듯합니다. 앞으로 올 풍년에, 그 관리들은 온갖 먹거리를 거두어들이고, 임금님의 권한 아래, 각 성읍에 곡식을 갈무리하도록 하십시오. 이 먹거리는, 이집트 땅에서 일곱 해 동안 이어갈 흉년에 대비해서, 그 때에 이 나라 사람들이 먹을 수 있도록 갈무리해 두셔야 합니다. 그렇게 하시면, 기근이 이 나라를 망하게 하지 못할 것입니다." 바로와 모든 신하들은 이 제안을 좋게 여겼다. (창 41:33~37)

놀라운 국정운영 아이디어는 어디서 나왔을까? 이것은 요셉이 감옥에서 양심수들과 어울리며 공부해온 결과이다. 요셉은 왕의 죄수를 가두는 감옥에서 복역했다. 왕의 죄수들이란 왕에게 반대한 죄로 갇힌 사람들이니 대부분 전직 관료이거나 귀족이었다. 이집트의 전직 관료와 몰락한 귀족들은 요셉의 성품을 알아보고 그들의 소중한 지식을 요셉에게 가르쳤다. 성실하고 겸손한 이스라엘 청년은 예전에 아버지 야곱으로부터 성경을 배웠던 것처럼 국가를 운영하는 데 필요한 정치철학과 세금운영 방안 등을 차곡차곡 배웠다. 이미 이때 요셉은 교사가 없이도 학습하는 수준에 도달해 있었다. 아버지 야곱의 자녀교육이 훌륭했기 때문이다. 신앙교육과 성품교육은 종종 이렇게 능력 있는 사회인을 키워낸다.

공부를 머리로만 하는 것이라고 생각한다면 큰 착각이다. 성품이 뒷받침되어야 공부를 잘할 수 있다. 어릴 적에는 분명 똑똑한 아이들이 공부에서 두각을 나타낸다. 하지만 머리가 좋은 것은 잠깐일 뿐이므로 끈질기게 공부에 매달릴 수 있는 성실과 끈기라는 성품이 뒷받침되어야 한다. 결국 인생의 성공은 신앙과 성품에 의해 좌우된다.

이제 자녀교육의 목표가 명확해졌다. 아이들의 신앙과 성품을 바르게 키워 부모가 없더라도 스스로 하나님을 찾게 만드는 것이다. 아이들이 수학 방정식을 풀지 못한다거나, 영어 문장을 읽지 못하는 것이 못마땅할 수 있다. 하지만 훈육을 하려면 학과목 성적이 부진한 것을 꾸짖는 대신 성실하게 공부하지 않은 것을 지적해야 한다. 꾸중하는 모습은 비슷해 보일지라도, 훈계의 목표가 분명하게 다르다. 성적이 오르는 것이 아니라, 성품이 바르게 성장하는 것이 자녀 교육의 목표임을 기억하자. 목표를 잃어버리면 교회도 식당이 되고 만다.

chapter 02

부부간의 사랑이
자녀교육의 첫걸음

어느 여름 날 아침, 현민이가 아침밥을 먹다가 세조의 부인에 대한 이야기를 꺼냈다. 《조선왕조실록》의 예종, 성종 편을 보니, 성종의 할머니이자 세조의 부인인 정희왕후가 다른 왕비와 달리 친정 사람들을 정치적으로 활용하지 않았다고 했다. 그 덕분에 손자 성종은 안정되게 왕위를 이어갈 수 있었다. 사연은 이랬다. 아버지 예종이 일찍 죽자, 성종은 어린 나이에 왕위에 올랐고 할머니 정희왕후는 나이 어린 왕을 대신해 수렴청정으로 나라를 다스렸다. 그리고 성종이 성인이 되자, 정희왕후는 미련 없이 통치권을 내려놓았다는 것이다. 권좌에서 물러나기 전에도 정희왕후는 대신들 앞에서 손자 성종을 칭찬하고 배려했다. 추진했던 정책이 성공하면 어린 왕이 총명하여 그 정책을 만들었다고 했고, 정책이 실패하면 왕이 반대했는데도 본인이 우겨서 그리 된 것이라며 성종을 보호했다.

이 대목에서 현민이의 이야기를 듣고 있던 아내는 여성 특유의 통찰로 아들에게 가르침을 주었다. 남편에게 충분히 사랑을 받은 부인은 자녀를 온전히 사랑할 수 있고, 정희왕후는 바로 그런 여자라고 말이다. 그 말이 하도 단호하고 자신감에 차 있어서 듣고 있던 나도 귀가 번쩍 뜨였다. 아내는 모든 왕비가 정희왕후처럼 인자한 것은 아니라고 말했다. 실제로 조선의 왕비들 중 많은 여성이 정치투쟁에 참여하여 자신의 아버지나 오라비를 재상의 자리에 앉히고 정치에 관여하려 했다. 그들에게 유달리 정치 욕심이 많아서라기보다는 남편의 사랑을 차지하기 위한 경쟁심 때문이었다. 조선의 왕비들은 비록 중전이라 할지라도 자신보다 왕의 총애를 받는 후궁이 있으면 위협을 느꼈고, 특히 왕자를 낳지 못한 왕비는 언제라도 자리에서 밀려날 수 있었다. 그러다 보니, 방어심리가 작용하여 친정 식구들을 가까이 두려 했던 것이다. 일가족이 왕을 둘러싸고 있으면 왕에 의해 내쳐질 걱정은 하지 않아도 되니까 말이다. 실제로 세조는 조카를 죽이면서까지 왕위를 빼앗은 독한 사람이었지만 배우자로는 딱 한 사람, 정희왕후만을 두었다. 이처럼 남편 세조의 온전한 사랑을 받은 아내 정희왕후는 친정식구를 동원해 정치를 장악하려고 노력하지 않았다.

생각해보니, 아내의 말이 정말 옳았다. 아브라함의 아내 사라는 '여러 나라의 어머니'라는 별칭을 가질 정도로 큰 위치에 오른 여인으로 한없이 너그럽고 인자할 것 같지만, 때때로 표독한 안방마님 행세를 하기도 했다. 한 번은 사라가 아브라함을 따라 이집트에 갔다가 크게 욕볼 뻔했는데, 아브라함이 목숨을 부지하기 위해 아내 사라를 여동생이라고 속여서 바로에게 넘겼기 때문이었다. 사라는 남편 아브라함의 행동에 깊은 상처를 받았다. 위기의 순간에 하나님께서 개입하지 않으셨다면 사라는 바로의 후궁이 되었을 것이다.

이집트를 나올 때 데리고 나온 하갈도 문제가 되었다. 자식을 나아 가문의 대를 이으려는 욕심이 앞선 나머지, 사라는 몸종인 하갈을 남편의 처소에 밀어넣었다. 그렇지만 막상 하갈이 아들 이스마엘을 낳고 남편이 하갈의 처소에 자주 찾아가자 걱정하기 시작했다. 급기야 자신이 낳은 아들 이삭이 하갈의 아들 이스마엘에게 괴롭힘을 당하자 독한 모습으로 변했다. 사라는 남편을 시켜 하갈과 이스마엘을 사막으로 내쫓았다. 무력한 엄마와 어린 아들을 사막으로 몰아내는 일은 사실상 살인 행위와 다를 바 없다. 이처럼 여자는 남편에게 사랑받지 못하고 다른 여자의 위협을 받으면 독해진다.

자녀가 남편의 대안이 되어서는 안 된다

자녀교육에 열심인 부모가 주의할 것이 있는데, 자신의 동기를 살피는 것이다. 때로는 배우자로부터 충분히 사랑과 존경을 받지 못해 자녀교육에 매달리는 부모들도 있기 때문이다. 특히 우리나라의 어머니들 중에 이와 같은 왜곡된 동기를 가진 분들이 적지 않다. 애정결핍에 기반한 자녀교육열은 종종 과잉보호와 잔소리로 이어지기 쉽다. 달리 표현하면 아버지로서 자녀교육을 제대로 하려면 맨 먼저 아내에게 충분히 사랑을 표현해야 한다는 말이다. 한 가정상담 전문가가 나에게 이런 질문을 했다. "아버지가 자녀에게 줄 수 있는 최고의 선물은 무엇일까요?" 머뭇거리는 나에게 그 전문가는 단호하게 말했다. "아이의 어머니를 사랑하는 모습을 보여주는 것입니다."

아내는 남편의 사랑에 안정감을 느끼고 그 감정은 고스란히 자녀에게도 전달되는데, 자녀는 실수해도 너그럽게 받아줄 엄마의 사랑을 베이스캠프 삼아 세상으로 나갈 준비를 한다. 베이스캠프가 부실하다면 어느 등산가가 안심하고 산 정상에 도전할 생각을 하겠는가? 가끔은 주변에서 직장생활이나 건강 문제로 엄마가 어린 자녀와 충분히 시간을 보내지 못하는 경우를 보는데, 그런 아이들은 종종 엄마의 치마자락을 붙잡고 떠나지 않는다. 평소에 시간을 보내지 못한 엄마는, 미안한 마음에 값비싼 놀이방에 데려가지만 아이는 낯선 환경을 두려워하며 울음을 터뜨리기도 한다. 아이에게 새로운 것을 보여주고 가르치고 싶다면, 엄마가 먼저 아이와 튼튼한 애착관계를 만들어야 한다. 아이와 사랑으로 교감할 수 있는 엄마는 엄마를 충분히 사랑해주는 아빠로부터 만들어진다. 아이가 실수해도 안전한 엄마 품에서 자신감을 얻듯이, 아내는 늘 자신을 사랑해주는 남편에게서 안정감을 얻을 수 있어야 한다.

배우자의 관심과 사랑이 필요한 것은 남편도 마찬가지다. 다만 아내의 필요와 남편의 필요가 서로 다르다는 것을 이해하면 부부는 서로에게 충분한 배우자가 될 수 있다. 성경은 아내에게는 사랑이, 남편에게는 존경이 필요하다고 가르친다.

그러므로 여러분도 각각 자기 아내를 자기 몸 같이 사랑하고, 아내도 자기 남편을 존중하십시오. (엡 5:33)

나는 이 성경말씀에 완전히 동의한다. 아내가 남편의 사랑을 갈구하듯이, 남편은 아내의 존경을 원한다. 그래서 아내로부터 무시당하는 느낌을 받은 남편들은 사회생활에서도 자신감을 잃곤 한다. 남성의 위상이 약해지다 보니, 가끔은 자녀를 훈육하는 도중에 남편에 대해 험담하는 아내도 있다.

"넌 누굴 닮아 그렇게 칠칠맞지 못하니? 엄마는 어릴 때 너처럼 그렇지 않았단다."

"그런 식으로 계속하면 아빠처럼 된단 말이야, 그만해!"

배우자가 완벽하지는 않겠지만, 그렇다고 배우자를 험담하면서까지 자녀를 훈육하는 것은 역효과만 키운다. 배우자를 존중하지 않는 아버지나 어머니 밑에서 자란 아이는 부모를 존경하지 않을 것이다. 부모를 존경하지 않는 아이는 권위에 순종하지 않을 것이고, 조언도 거부할 가능성이 크다. 아이들이 서운하다고 하겠지만, 우리 가정에서 아내는 아이들에게 분명하게 말한다. "아빠가 드실 음식이야. 손대지 마."

이처럼 엄마의 우선순위가 자녀들이 아닌 아버지에게 있다는 것을 명확하게 알려주는 것은, 아이들을 진짜로 사랑하는 방법이다. 아이들은 자신이 세상의 중심이 아니라는 것을 배우고, 부모에 대한 존경심과 겸손의 가치를 배우게 된다.

자녀교육의 우선순위, 자녀가 맨 나중이다

평소에 나는 아이들보다 아이들의 어머니를 더 사랑한다는 것을 숨기지 않고 말한다. 그래서 구체적으로 다음 세 가지를 실천한다.

첫째, 아내의 의견을 존중하고, 아내의 선택이 실패로 끝나지 않도록 적극적으로 돕는다. 가끔 아내는 내가 동의하기 어려운 선택을 한다. 그럴 때라도 나는 아내를 도우려고 한다. '내 말 안 듣더니 꼴 좋다'라는 식의 생각이 들지만, 그렇게 행동하지 않으려고 노력한다. 내가 옳고 아내가 틀린 것을 증명하면서 얻는 기쁨보다 잘못된 결과를 수습하는 불편과 고통이 크다는 것을 기억하려고 한다.

둘째, 도저히 동의할 수 없는 경우라도 아이들 앞에서 아내를 탓하지 않는다. 아내의 권위를 깎아내려서 내게 좋은 것은 단 한 가지도 없다. 호통을 치고 나면 잠시 쾌감이 있을지도 모르지만 권위를 잃은 아내가 아이들을 통제하지 못하면 결국 책임은 다 나에게 되돌아온다. 입술이 무너지면 이가 시리다고 했다. 아내가 아이들 앞에서 권위를 얻어야 나도 아이들을 잘 훈육할 수 있다.

셋째, 아이들 앞에서 안전한 수준까지 아내와 신체접촉을 한다.
한 번은 아이들이 우리 부부에게 "여전히 신혼부부인 줄 아시나 봐."라고 말했다. 마냥 어린 줄만 알았더니, 신혼부부는 어떤 관계인지 대충 아는 것이 신기했다. 동시에 아이로부터 그런 말을 듣는 것이 기분 좋았다. 아이들이 부모가 서로 사랑한다는 것을 알고 있으니 말이다.

자녀교육을 잘하려면 역설적으로 자녀를 가장 나중으로 여기는 것이 옳다. 자녀교육의 우선순위는 하나님, 배우자, 자녀의 순서다. 이 원리를 깨달은 자녀들은 영적으로 건강하게 자란다. 이 역설의 철학은 자녀들의 삶에 나침반 역할을 할 것이다.

chapter 03

순종, 절제, 집중의 3대 원칙으로 자녀를 가르치다

만약 어느 집에 아들과 딸이 한 명씩 있는데, 딸은 시집가더니 남편을 속여 상속권 분쟁을 일으키고 아들은 가출한 조카를 속여 20년간 부리면서 제대로 임금도 주지 않았다면 우리는 무엇이라고 할까? 십중팔구, "완전 콩가루 집안일세, 도대체 부모가 자식을 어떻게 키운 거야?"라고 말할 것이다.

브두엘의 집이 딱 그러했다. 브두엘은 아브라함의 사촌이자 사돈이다. 그에게는 딸 리브가와 아들 라반이 있었는데, 딸 리브가는 어려서도 고집이 세고 당돌했다. 멀리 가나안 지방으로 이사간 오촌당숙 아브라함이 하인을 보내 혼담을 청하자 대뜸 그 집으로 시집을 가겠다고 자청했다. 그러더니 바로 그다음 날 짐을 싸서 집을 떠나버렸다. 어쩌면 리브가는 예전부터 집을 떠나고 싶었는지도 모르겠다. 그렇지 않고서야 어떻게 이제껏 함께 살아온 가족을 일말의 미련도 없이 떠나버릴 수 있겠는가.

종과 그 일행은 비로소 먹고 마시고, 그 날 밤을 거기에서 묵었다. 다음날 아침에 모두 일어났을 때에, 아브라함의 종이 말하였다. "이제 주인에게로 돌아가겠습니다. 떠나게 해주십시오." 리브가의 오라버니와 어머니는 "저 애를 다만 며칠이라도, 적어도 열흘만이라도, 우리와 함께 더 있다가 떠나게 해주십시오." 하고 간청하였다. 그러나 아브라함의 종은 그들에게 이렇게 대답하였다. "저를 더 붙잡지 말아 주십시오. 주님께서 이미 저의 여행을 형통하게 하셨으니, 제가 여기에서 떠나서, 저의 주인에게로 갈 수 있게 해주시기 바랍니다." 그들이 말하였다. "아이를 불러다가 물어 봅시다." 그들이 리브가를 불러다 놓고서 물었다. "이 어른과 같이 가겠느냐?" 리브가가 대답하였다. "예, 가겠습니다."

(창 24:54~59)

시집가서는 쌍둥이 아들을 낳고서 잘사는가 싶었는데, 둘째 아들 야곱을 사주해서 남편 이삭을 속였다. 그녀의 뜻대로 상속권과 장자의 축복을 둘째 아들에게 몰아준 것으로 볼 때 리브가는 결코 조용하게 뒷방살이 하는 조강지처는 아니었다. 자신의 야망을 위해서라면 불법도 마다하지 않는 여장부의 성품을 가지고 있었다.

리브가의 오빠 라반도 그리 본받을 성품을 가지고 있지 않았다. 여동생의 보호자를 자청하고 혼담에 나섰던 것도 사실은 여동생이 받았다는 금붙이를 보고서 욕심이 났기 때문이다.

리브가에게는 라반이라고 하는 오라버니가 있는데, 그가 우물가에 있는 그 노인에게 급히 달려왔다. 그는, 자기 동생이 코걸이와 팔찌를 하고 있는 것을 보고, 또 노인이 누이에게 한 말을 누이에게서 전해 듣고, 곧바로 달려 나와서, 우물가에 낙타와 함께 있는 노인을 만났다. (창 24:29~30)

훗날 조카 야곱이 가출하여 라반을 찾아오자, 라반은 지체없이 조카의 후견인을 자청했다. 그런데 라반은 조카를 가족으로 여기는 대신 무급으로 부릴 일꾼으로 보았다. 특히 야곱이 자신의 둘째 딸 라헬에게 관심이 있다는 사실을 알게 되자, 라반은 야곱에게 7년간 급여 없이 일하면 결혼시키겠다는 황당한 고용계약을 제시했다. 하지만 정작 그날이 오자, 라반은 야곱을 속이고 신부를 바꿔버렸다. 라반은 가출한 조카 야곱을 상대로 20년 동안 임금 변경과 체납을 일삼으며 불공정 거래를 일삼았다. 악덕기업주라도 이런 사람은 없을 것이다.

도대체 리브가와 라반 남매는 어떤 가정교육을 받았기에 이런 성품을 갖게 되었는지 궁금해진다. 사실 두 남매는 아버지 브두엘로부터 자녀교육을 받지 못했는데 브두엘은 이름만 아버지일 뿐 가정사에 거의 개입하지 않는 허수아비였다. 그 증거는 넘쳐난다. 리브가가 처음으로 아브라함의 하인을 만났을 때, 그녀는 아버지가 아닌 어머니를 찾아갔다. 멀리서 온 손님을 만나 혼담을 주도한 것도 아버지 브두엘이 아닌 오빠 라반이었다. 이러한 집안사정을 눈치챈 아브라함의 하인은 값비싼 선물을 리브가의 오빠와 어머니에게만 주었다. 아버지 브두엘은 전혀 존재감이 없었다.

아브라함의 종은 그들이 하는 말을 듣고서, 땅에 엎드려 주님께 경배하고, 금은 패물과 옷가지들을 꺼내서 리브가에게 주었다. 그는 또 값나가는 선물을 리브가의 오라버니와 어머니에게도 주었다. (창 24:5~53)

하나님의 말씀을 자식에게 가르쳤던 아브라함과 달리 브두엘은 자녀들에게 원칙의 중요성을 가르치지 않았다. 어쩌면 부실한 건강 때문에 아버지 역할을 제대로 할 수 없었는지도 모른다. 그 결과, 두 남매는 가족을 속이고 임금을 빼앗는 등 나쁜 짓을 거침없이 했다. 가훈이나 원칙없이 자란 자녀는 주변 사람들의 눈치를 보고 거짓말을 일삼거나, 임기응변과 속임수로 남에게 피해를 주면서 자신의 욕심만 채우는 이기적인 사람으로 성장하기 쉽다.

가정교육의 3대 원칙 – 순종, 절제, 집중

브두엘의 사례를 반면교사로 삼기 위해 우리 가정은 일찍이 가정교육의 원칙을 정했고, 기도하면서 아이들을 훈육할 기준을 찾았다. 교회에서 사용하는 성품훈련 교재에 담긴 여러 가지 사례들을 참조하고 그것을 우리 가정에 맞게 가공했더니, 훈육의 기준을 세 가지 원칙으로 세울 수 있었다. 그것은 순종, 절제, 집중이다. 초등학생들이 이해하기에는 조금 어려운 단어들이라서 아이들이 쉽게 실천할 수 있는 말로 풀어서 가르쳤는데 성품훈련 교재들이 꽤 큰 도움이 되었다.

우리 가정에서 순종이란, 보호자의 지시를 기꺼이 한 번에 따르는 것을 말한다. 두 번 말하게 하지 않아야 한다는 점에서 아이들은 자신이 순종하고 있는지 아닌지를 금방 알 수 있다. **우리 가정에서 절제란, 하고픈 일을 미루고 해야 할 일을 먼저 하는 것을 말한다.** 나는 줄곧 아이들에게 하고 싶은 일을 하면서 살라고 가르친다. 그런데 해야 할 일을 미리 해내지 않으면 하고픈 일도 할 수 없으니 미루지 말라고도 가르친다. 바로 그것이 절제다. **우리 가정에서 집중이란, 한 번에 하나씩 제대로 끝까지 하는 것을 말한다.** 이 원칙 때문에 아이들은 무언가를 하다가 중간에 새로운 일을 시작하지 않도록 배운다.

어느 날 갑자기 원칙을 정하고 발표한 것이 아니라, 수개월에 걸쳐 내용을 다듬어가면서 정리한 것이라서 원칙이 완성되었을 때 우리 가족은 당연한 것이 왔다는 식으로 생각했다. 이제 남은 것은 아이들에게 반복하여 가르치는 일이었다. 몇 번을 반복하여 가르치고 또 가르치다 보니 어느새 나도 지치기 시작했고, 이렇게까지 강제하면 아이들을 세뇌하는 것은 아닌가 하는 의문도 들었다. 그와 동시에, 여러 번 반복해도 아이들이 원칙을 기억하거나 실천하지 않아서 답답하게 느껴지곤 했다. 하지만 이 고민은 재미난 유머 한 방에 해결되었다. 다음은 어느 부부의 이야기다.

무뚝뚝한 남편에게 화가 난 아내가 물었다.
"왜 나에게 사랑한다고 이야기하지 않는 거지요?"
잠시 말이 없던 남편이 대답했다.
"당신과 결혼할 때 이야기했잖소. 마음이 바뀌면 알려주리다."

한껏 웃고 나니 깨달음이 찾아왔다. 중요한 메시지는 몇 번이라도 반복해야 한다. 가정의 원칙을 만들어도 일상에서 이것을 반복하여 말하지 않으면 아이들은 기억하지 못한다. 그래서 나는 일상에서 가정의 원칙을 이야기하기 시작했다. 이때 주의할 점이 있는데, "이게 옳으니까 이렇게 해."라는 식으로 말하지 않는 것이다. 강요된 도덕은 종종 아이들을 위선자로 만들 수 있으므로 원칙을 강제하기보다는 아이들 눈높이에 맞추어 가르치기로 했다.

<u>예를 들어, 순종을 가르치면서 이렇게 말한다.</u>

"성경에 이런 구절이 있단다. '너희 가운데서 아들이 빵을 달라고

하는데 돌을 줄 사람이 어디에 있으며, 생선을 달라고 하는데 뱀을 줄 사람이 어디에 있겠느냐?' 이처럼 아버지는 너의 보호자로서 너에게 좋은 것을 제안하는 거야. 그러니 부모의 말에 순종하는 것이 결국 너에게도 이익이야."

절제를 가르치면서는 이렇게 말한다.

"사람은 하고픈 일을 해야 행복하단다. 그래서 나는 너희들이 원하는 것을 시켜줄 생각이야. 단, 순서를 지키라는 거지. 해야 하는 일부터 먼저! 이 순서를 지키지 않으면 결국 네가 하고픈 일도 못하게 되는 경우가 많아. 예를 들어볼까? 내가 회사에 가기 싫다고 해서 한 주 동안 집에서 논다고 생각해봐. 무슨 일이 벌어질까? 그렇지! 직장을 잃을지도 모르고 그러면 너희들하고 함께 휴가를 떠나고 싶어도 돈이 없어서 그렇게 못할 수도 있어. 그러니 순서를 기억하자. 하고 싶은 일보다 해야 할 일부터!"

집중을 가르치면서 이렇게 말한다.

"대충 일을 하면 결국 다시 하게 돼. 처음부터 잘하면 한 번에 끝낼 일을 두 번 하려니 귀찮지. 그래서 하고 있는 일을 끝내기 전에 다른 일을 시작하지 말아야 하는 거야. 이처럼 한 번에 하나씩 제대로 끝까지 하는 것을 뭐라고 한다? 그렇지, 그게 집중이야."

가정교육의 원칙을 정하고 가르치기 시작한 것이 5년 전의 일이다. 이제는 아이들이 이 원칙을 자연스럽게 받아들이고 있다. 가정교육의 원칙이 정착되려면 아버지라도 원칙 위에 군림하지 않는 것이 중요하며, 아버지가 자녀에게 원칙을 가르치면서 정작 본인이 그 원칙을 어기면 아이들은 위선을 배우게 된다. 예수님께서도 제자들에게 이렇게 말씀하셨다.

"나는 내 생각대로 말하지 않고 나를 보내신 아버지께서 나에게 직접 명령하신 대로 말하였다." (요 12:49, 현대인의 성경)

이제는 아이들이 원칙을 가지고 내게 도전하기도 한다. 어느 날 아침밥을 먹다가 막내가 내게 말했다. "아빠, 지금 밥 먹는 시간이에요. 휴대폰 보면 안 되지요. 아빠, 집중!" 온 가족이 한 바탕 웃고 난 후, 나는 진지하게 지민이에게 사과하고 바로 칭찬해주었다. 이로써 아이들은 아버지도 가정의 원칙 위에 군림하지 않는다는 것을 명확하게 알게 되었다. 우리 부부는 아이들이 조금은 눈치 없는 아이로 자라길 원한다. 비록 융통성은 모자랄지라도, 아이들이 원칙에 충실한 삶을 살아가길 바란다. 그리하여 성경의 말씀대로 속임수, 간교한 술수, 온갖 교훈의 풍조에 흔들리거나 이리저리 밀려다니지 않기를 바란다.

chapter 04

풍성하게 사랑하고, 부족하게 베푼다

"요즘 젊은 직원들 보면 스펙이 좋더라고. 그런데 그 친구들에게 지시를 했더니 '어떻게 하면 좋습니까?'라고 물어오더군. 그래서 '똑똑한 친구들이 겸손하기까지 하네.'라고 생각했지. 하지만 나중에 알았어. 이 친구들이 생각이 없더라고."

한 기업체 임원은 젊은 직원들이 성능 좋은 로봇 같다면서 탄식했다. 지식도 많고 경험도 적지 않은데 스스로 알아서 일할 줄을 모른다는 말이었다. 빈 말이 아니다. 초·중·고 시절에 부모님이 모든 것을 결정해주는 것에 익숙해진 나머지 스스로 결정하는 능력이 부족한 젊은이들이 늘어나고 있다.

"처음에는 이 친구들이 '대기만성'인 줄 알았어. 믿고 기다리면 성장할 줄 알았던 게지. 하지만 이제는 알았다네. 요즘 젊은이들은 대기만성이 아니라, '만성대기' 상태야. 시키면 움직이고 안 시키면 그냥 가만히 있는 대기 상태."

정말이다. 심지어 대학생들을 만나서 꿈을 물어보아도 분명하게 대답하는 젊은이들이 적은데 특히 남학생들이 더 그렇다. 왜 그런지는 명확하다. 너무 오랫동안 어른들의 도움을 받으며 살아왔기 때문이다. 요즘 시대에서는 아이 하나에 어른 예닐곱이 따라다니는데 양가의 할아버지와 할머니, 부모, 이모, 삼촌까지 가세하면 무려 8명이나 되는 어른들이 아이 하나에 집중하는 셈이다. 그러니 자연스럽게 아이들은 지구가 자기 중심으로 돌고 있다고 착각하게 된다. 이러한 경향은 아이가 자라 사회에 나가서도 계속된다. 한 기업체 임원은 신입사원의 부모로부터 '아들이 아파서 오늘 결근합니다'라는 전화를 받아서 당황했다고 이야기했다. 몸집은 크고 생각은 어린, 어른 아이가 한둘이 아니다.

   부모의 간섭이 늘면서 아이들이 스스로 결정하고 책임지는 기회가 부족한 것도 만성대기 상태의 한 원인이다. 아기가 걷는 법을 배우려면 수개월간 넘어지는 과정을 거쳐야 한다. 넘어지면 다칠까 싶어서 부모가 아기를 안고 다니면, 아기는 늦게 걸음을 배우게 된다. 요즘 학부모들을 보자. 엄마가 나서서 학원에 등록하고, 입시설명회에 다녀오고, 학생을 차에 태워 실어 나른다. 그사이에 아이들은 스마트폰 게임을 하고, 과자를 사달라고 조른다. 학부모들은 자녀들이 주도적이지 않다고 푸념하지만 정작 자녀의 주도성을 박탈하는 사람은 바로 부모들이다.

자유가 주어져야 노예근성을 벗을 수 있다

부모가 인생을 결정해주는 환경에서 자란 사람은 성인이 되어서도 삶의 태도가 수동적일 수밖에 없다. 누가 일을 시키면 그제야 하고, 그나마도 열심히 하지 않는다. 이런 태도를 두고 우리는 '노예근성'이라고 부르는데 성경은 노예근성이 얼마나 해로운지 이야기한다. 모세를 따라 간신히 이집트를 탈출한 이스라엘 백성들은 여전히 노예근성에 젖어 있었다. 걸핏하면 모세에게 고기 달라, 과일 달라 떼쓰며 징징거렸다. 원하는 것을 요청하는 것은 문제가 없지만 징징거리는 것은 문제다.

이스라엘 자손이 그들에게 항의하였다. "차라리 우리가 이집트 땅 거기 고기 가마 곁에 앉아 배불리 음식을 먹던 그 때에, 누가 우리를 주님의 손에 넘겨주어서 죽게 했더라면 더 좋을 뻔하였습니다. 그런데 당신들은 지금 우리를 이 광야로 끌고 나와서, 이 모든 회중을 다 굶어 죽게 하고 있습니다." (출 16:3)

마치 모세가 이스라엘 백성들을 억지로 끌고 나온 것처럼 말하는 이스라엘 자손의 말을 들으면 화가 난다. 하지만 그들은 그럴 수밖에 없었다. 수대에 걸쳐서 아버지도 노예, 할아버지도 노예로 살아왔기 때문이다. 이집트인이 시키는 일만 하며 살았고, 큰 꿈을 꾸기보다는 오늘 밥 한 끼를 맛있게 먹는 것이 소원의 전부였다.

우리 아이들을 노예근성 없는 자녀로 키워내는 방법을 하나 소개하려 한다. 내가 아는 한 가정은 유치원 다니는 어린 딸을 훈육하려고 벽에 커다란 종이를 붙였다. 종이 가운데에 선을 그리고 한쪽에는 '꾸중받는 행동', 다른 쪽에는 '칭찬받는 행동'이라고 제목을 붙였다. 아이가 새로운 행동을 하면 부부가 상의해서 종이에 적고 딸에게 가르쳤다. 아직 한글을 읽지 못하는 딸이었지만, 색깔이 다른 글씨를 보면서 어떤 행동이 좋은 것인지 배워갔다. **그러다가 부부는 칭찬할 것도, 꾸중할 것도 아닌 행동들을 발견하기 시작했고, 세 번째 칸을 만들고 '해도 되는 행동'이라고 이름을 붙였다. 흥미로운 사실은 세 번째 칸이 만들어진 이후에 딸이 정서적으로 성장하기 시작했다는 점이다.**

자녀가 늘 칭찬받을 행동만 하면 좋겠지만, 그건 사람이 아니고 그냥 로봇이다. 아이들은 장난도 하고 사고도 치면서 생각이 자란다. 하지만 모든 행동이 부모의 판단을 받는다면 아이들은 어쨌거나 위축될 수밖에 없다. 칭찬도 사실은 판단의 결과다. 아이들은 칭찬도, 꾸중도 받지 않는 '제3의 행동'을 할 때 자유를 느끼고 성장하게 된다. 일체의 판단이 없는 자유로운 영역이 주어지면 아이들은 개성을 발굴하고 노예의 삶에서 벗어난다.

자유로운 생활이 자녀의 영혼을 키운 대표적인 사례는 다윗이다. 제사장 사무엘이 이새를 찾아와 모든 아들을 불러달라고 하자, 이새는 유독 막내아들 다윗만 부르지 않았다. 다윗의 잠재력을 알아보지 못했기 때문이다. 다윗은 자유를 만끽하며 성장했다. 다윗은 양 틈에 끼어서 노래를 흥얼거리고 돌을 던져 과녁을 맞추며 혼자서 놀았다. 칭찬도 꾸중도 없는 자유 속에서 다윗은 혼자 밥을 먹고, 혼자 양을 돌보면서 스스로 생각하고 결정하는 법을 배웠다. 한 마디로, 아버지 이새의 방치가 다윗을 키운 셈이다. **여기서 우리는 한 가지 중요한 깨달음을 얻는다. 자녀의 미래를 걱정하는 부모라면, 자녀를 풍성하게 사랑하되 부족하게 베풀어야 한다는 사실을!**

부모 세대는 먹을 것이 부족하고 즐길 것이 부족했던 시대를 살았지만 마음은 넉넉했고 정신도 강한 편이었다. 반면, 요즘 청소년은 체격이 어른만큼 커졌지만, 체력은 어른만 못한 경우가 많다. 스트레스를 견디는 내성도 약한 편이어서 공부도 쉽게 포기한다. 심지어 세상의 압박에 대항하여 싸우는 대신 생명의 끈을 놓아버리는 학생들도 해마다 늘고 있다. 의식 있는 부모들이 이러한 흐름을 뒤집으려고 노력하면 좋겠다. 홈스쿨 가정 중에는 주기적으로 봉사활동을 가는 가정이 많다. 봉사활동 대부분은 힘들고 귀찮은 일로 채워지지만, 봉사활동 끝에서 아이들의 마음은 한 뼘씩 자란다. 사회적 약자를 도와주면서 넉넉하지 않은 삶을 받아들이고 마음의 근육을 동원해서 현실을 이겨내는 경험을 하기 때문이다.

가끔 아이들이 내게 이렇게 말한다. "아빠, 우리도 레고 많이 사주세요. 친구 집에 갔더니 레고 세트가 엄청 많아요." 그러면 나의 대답은 매번 비슷하다. "그 집에 가서 놀고 와." 생각이 많이 자란 큰 아들은, 집에 돈이 너무 없는 것도 아닌데 왜 장난감을 넉넉하게 사주지 않는지 묻는다. 그러면 이렇게 답하곤 한다. "솔로몬이 가난해서 죄 지은 게 아니란다. 넉넉할 때 죄 짓기가 쉬워. 위대한 왕 다윗도 전쟁에서 여러 차례 이기고 삶에 여유가 생기면서 밧세바를 넘본 거야. 감당하지 못하는 사람들에게 축복은 저주가 되는 거야."

저를 가난하게도 부유하게도 하지 마시고, 오직 저에게 필요한 양식만을 주십시오. 제가 배가 불러서, 주님을 부인하면서 '주가 누구냐'고 말하지 않게 하시고, 제가 가난해서, 도둑질을 하거나 하나님의 이름을 욕되게 하거나, 하지 않도록 하여 주십시오. (잠 30:8~9 일부)

성경에는 부자가 되지 않게 해달라는 기도가 적혀 있다. 결핍은 우리의 정신을 깨어있게 해주기 때문이다. 결핍교육은 우리 자녀들이 징징거리는 노예도, 방심하는 로봇도 되지 않게 만들어준다. 부모가 자녀가 원하는 것을 모두 해줄 수 없다고? 당연한 일이다. 자녀들은 부모의 무능력에 감사해야 한다. 그래야 하나님을 찾지 않겠는가! 아쉬운 것 없이 자란 재벌 2, 3세들이 사고를 치고 신문에 오르내리는 것을 보면서 감사하는 마음을 키우자.

사랑이라는 이유로 아이를 망치지 말자

존경받는 기업인 유일한 선생은 유한양행의 창업자다. 그의 아버지는 1905년에 10세의 아들을 미국으로 유학 보낼 정도로 부자였다. 그런데 유학생 유일한은 풍요로운 미국생활에 물들지 않고 군사학교에 입학해 독립운동을 시작했다. 1926년 조선에 돌아와 유한양행을 세운 유일한 선생은 지속적으로 개인 재산을 털어 학교를 세우고 대학재단에 기부하다가 1971년에 돌아가셨다. 그분은 이런 취지로 유언장을 남겼다.

'어머니를 모셔야 하는 딸에게는 땅 5천 평을 준다. 대신 학교 운동장으로 써야 하니, 담도 치지 말고 건물도 세우지 마라. 아들은 대학까지 나왔으니 스스로 먹고 살아라. 오직 손녀딸에게만 유산으로만 달러를 준다.'

아마 모르긴 해도 유일한 선생은 평소에도 두 자녀에게 그리 넉넉하게 베풀지 않으셨을 것이다. 유산 한 푼 없이 살아가야 할 자녀는 평소에 결핍교육으로 훈련 받았기에 아버지의 유지를 받들 수 있었을 것이다.

  이새가 다윗을 키웠듯이 조금은 방치하자. 자녀의 정신상태를 식물인간으로 만드는 것은 부모의 무관심이 아니라 과도한 사랑과 풍요라는 점을 기억하자. 역설적이지만, 부모의 헌신이 자식을 망친다. 아이들이 선택하고, 실패하고, 그 과정에서 배우도록 기다려주자. 부디 사랑이라는 이름으로 아이들을 망치지 말자.

chapter 05

말로 가르치면 따지고, 삶으로 가르치면 따른다

아들이 어릴 적에 아들과 함께 대형마트에 가기 전에 신신당부 주의를 주었다.

"마트에서 뛰어다니면 안 돼. 사람들과 부딪혀 다칠 수도 있고 물건을 망가뜨릴 수도 있어. 약속할 수 있겠어? 그래 약속. 만약에 약속 안 지키면 아빠한테 혼날 거야. 알겠지?"

하지만 막상 마트에 도착하자 아들은 흥분해서 뛰어다니기 시작했다. 몇 차례 아슬아슬한 순간을 넘기나 싶더니, 결국 진열된 상품을 쓰러뜨렸다. 주변 눈치를 보면서 얼른 상품을 세워놓고서 아들의 손을 꽉 잡았다. 구석진 곳으로 데려가서 아들의 눈을 보며 말했다.

"뭘 잘못했는지 알지? 마트에서 뛰지 않기로 했는데, 약속 지켰어, 안 지켰어?"

"안 지켰어요."

"자, 그러면 어떻게 되는지 알지? 할 말 있어?"

아들이 잠시 숨을 고르고 말을 했다.

"아빠, 내가 약속을 안 지켰으니까 아빠도 약속을 안 지키는 건 어때요?"

그 순간, 내가 웃음을 참지 못해 그날 아들은 혼나는 대신 가석방 되었다.

때로는 모든 교육과 훈련이 통하지 않는 날이 온다. 그날에는 세 아들이 무슨 마법에라도 걸렸는지 아침부터 눈에 거슬린 행동을 연속으로 하고, 결국 나도 세 아들을 큰 소리로 꾸중하게 된다. 성경은 이에 대해서 단호하게 가르친다. 이 구절을 아들에게 보여주었더니 그야말로 얼음장이 되었다.

매를 아끼는 것은 자식을 사랑하지 않는 것이다. 자식을 사랑하는 사람은 훈계를 게을리하지 않는다. (잠 13:24)

아이 꾸짖는 것을 삼가지 말아라. 매질을 한다고 하여서 죽지는 않는다. 그에게 매질을 하는 것이, 오히려 그의 목숨을 스올(지옥)에서 구하는 일이다. (잠 23:13~14)

그렇다면 성경 말씀대로 죽지 않을 만큼은 매질해도 될까? 그러기에는 왠지 석연치 않다. 정작 유대인들은 이 구절을 해석하면서 절대 매질을 하지 말라고 한다. 정히 그렇게 하고 싶다면 구두끈으로 때리라고 하는데, 실험해보니 매질과는 너무도 멀었다. 게다가 성경에는 이런 구절도 있다. 도대체 아이를 때리라는 건가, 말라는 건가.

또 아버지 된 이 여러분, 여러분의 자녀를 노엽게 하지 말고, 주님의 훈련과 훈계로 기르십시오. (엡 6:4)

말로 가르치는 것이 더 이상 통하지 않아서 충격을 주어서라도 교정하고 싶을 때가 있다. 체벌을 하더라도 가혹한 부모가 되지 않기 위해 나는 훈육의 방법을 배웠다. 되돌아보면 이 가르침이 내게 정말 큰 도움이 되었기에 여러 사람과 나누고 싶다.

훈육의 목적은 자녀가 마음으로부터 변화하여 행동까지 새로워지는 것인데 종종 흥분한 부모는 이 목적을 잊고 원시적인 감정을 쏟아내기에 급급하다. 어쩌다 한 번 아이를 꾸짖는 부모들마저도 횟수가 적다고 하여 안심하기 어렵다. 부모의 격한 감정이 만드는 어두운 인상은 자녀 마음에 각인된다. 각인이란 칼로 새겨 남기는 것으로 이렇게 새겨진 상처는 사라지지 않는다. 마치 피부에 난 칼자국처럼, 그리고 그런 상황에서는 부모가 무어라 했건 자녀의 기억에 가르침이 남지 않는다. 그러니 목적을 잃어버린 부모는 흥분하여 자녀에게 상처만 줄 뿐 아무런 효과도 만들지 못하게 된다. 이런 실수를 피하려면 자녀를 제대로 꾸중하고 가르치는 법을 배워야 한다.

꾸중의 큰 원칙은 성경말씀 그대로다. '자녀를 노하게 하지 마시오.' 이것만으로는 설명이 부족하니, 여기에 하나를 추가하자. '노하게 하는 대신 미안하게 하시오.' 그렇다. 자녀는 꾸중을 들을 때 억울하다고 느끼면 안 된다. 억울하다고 느끼는 사람은 미안함을 느끼지 못하고, 미안함을 느끼지 못하는 사람은 잘못에 대한 사과도 행동의 변화도 하지 못한다. 자녀가 꾸중을 들을 때 억울하게 느끼는 이유는 여러 가지인데, 자신이 잘못한 것보다 더 크게 혼난다고 느낄 때, 혼나는 방식이 비인격적이라고 느낄 때, 여러 사람 앞에서 망신을 당한다고 느낄 때이다. 그 경험은 자녀를 성숙하게 키우는 대신 반항하게 만든다. 이 점을 기억하면 방법은 쉽게 떠오른다.

자녀를 꾸중할 때에도 요령이 있다

첫째, 자녀를 꾸중하기 전에 부모가 먼저 마음의 평정을 되찾아야 한다. 밤에 쓴 시를 낮에 보면 부끄러운 것처럼 화날 때 하는 거친 말은 나중에 후회를 낳는다. 흥분한 부모는 자녀에게 가혹해지기 쉽다. 자녀교육 전문가의 수업을 듣던 중에 충격적인 말에 놀랐던 기억이 있다. 전문가는 이렇게 말했다. "화를 내면서 아이를 때리면 그건 체벌이 아니라 폭행입니다." 내가 아동 폭행범이 될 수 있다는 말에 몸서리를 쳤다. 마음의 여유를 잃어버리면 가혹해지는 현상은 항상 논리적일 것 같은 판사들도 피해갈 수 없다.

이스라엘 벤구리온 대학의 단지거 교수는 판사들의 가석방 패턴을 분석했다. 10개월 동안 1,112건의 가석방 심사를 살펴보니, 판사들은 평균 6분에 한 건씩, 하루에 수십 건을 처리했다. 빡빡한 일정에서 한 가지 패턴을 발견할 수 있었다. 오전 첫 1시간과 중간의 휴식시간 직후에 가석방률은 65%로 최고치를 찍고 시간이 지나면서 가석방률이 떨어지는 것이었다. 휴식 직전엔 가석방률이 0%에 가까워졌다. 평균 경력 22년인 판사들에게 일어난 일이다.

단지거 교수는 "우리의 뇌가 짧은 시간에 많은 일을 처리하면서 에너지가 고갈되면 최대한 단순하고 쉬운 결정을 내리게 된다."라고 설명했다. 판사들도 예외가 아니었다. 지치고 배가 고파지면, 더 이상 열린 마음으로 가능성을 보려고 하지 않고 죄수들을 냉정하게 대했다.

전문가도 이럴진대, 일반 가정의 부모라면 심리적으로 지치고 화가 날 때 자녀들에게 가혹해지기란 정말 쉽다. 그래서 참을 인(忍)을 열 번 쓰는 마음으로 심호흡을 하고서 자녀를 만나는 게 좋다.

둘째, 자녀의 마음이 준비되었는지 확인하고 꾸중해야 한다. 훈육과 꾸중이 통하지 않는 때가 있는데, 전문가들은 이를 HALT상태라고 부른다. 영어의 뜻이 '멈춰!'인 HALT는 아이가 훈계를 받을 수 없는 4가지 상황을 뜻한다.

Hungry - 배고프다

Angry - 화난다

Lonely - 외롭다

Tired - 피곤하다

아이는 배고프지 않고, 화나지 않고, 외롭지 않고, 피곤하지 않아야 부모의 훈육을 잘 받는다는 말이다. 잘못한 아이를 훈육하면서 그런 사정까지 보아줄 수는 없다고 말할 수도 있지만 훈육의 목적이 부모의 분노폭발이 아니라, 자녀의 교정이라면 자녀의 심리적 사정을 봐가면서 훈육할 필요도 있다.

자녀가 HALT 상태가 아니라도 신경 쓸 것이 또 있다. 칭찬과 꾸중의 비율이다. 사람에게는 불쾌한 경험을 선명하고 오래 기억하는 경향이 있다. 그래야 비슷한 상황을 피할 수 있기 때문에 우리 뇌가 유독 그런 경험을 잘 기억한다. 그래서 칭찬을 꾸중보다 몇 배 더 해야만 자녀는 비로소 부모의 피드백이 균형 잡혔다고 생각한다. 몇 배? 전문가는 5:1을 말한다. 칭찬을 다섯 번 하기 전에는 꾸중을 하지 말라는 말이다. 어떤 부모는 꾸중은 도대체 언제 하라는 거냐고 소리라도 치고 싶겠지만 평소에 칭찬을 많이 해두는 게 답이다.

셋째, 벌을 주더라도 부모가 같이 벌을 서는 게 안전하다. 자칫하면 흥분한 부모는 자녀의 몸 상태를 고려하지 않고 지나치게 벌을 줄 수 있다. 그런데 부모가 함께 벌을 서면 자녀는 미안함을 더 느끼고 부모는 벌의 수위를 조절할 수 있다. 지난해 초겨울, 세 아들이 잠잘 시간을 훨씬 넘겨서까지도 떠들며 놀다가 결국 다투기 시작했다. 나는 아이들에게 옷을 입고 밖으로 따라나오라고 말했다. 일단 몸이 다치지 않도록 체조를 해서 체온을 올린 후에 나와 아들 셋은 팔굽혀펴기 자세로 엎드렸다. 본격적인 얼차려가 시작된 것이다. 1분, 2분, 3분, … 시간이 흐르자, 막내 입에서 신음소리가 나오기 시작했다. 얼마 후, 나는 세 아들에게 셋째, 둘째, 첫째 순서로 일어나라고 했다. 그리고 마지막으로 내가 몇 분간 더 엎드려 있었다. 이웃들이 보았다면 이상하다고 했으리라. 아버지는 엎드려 벌을 받고 있고, 세 아들은 둘러서서 이를 지켜보고 있었으니까. 이윽고 자리에서 일어나 내가 말했다.

"오늘 누가 잘못했지?"

"저희들이요."

"그런데 누가 제일 오래 벌 섰지?"

"아빠요."

"왜 그랬을까?"

"아빠가 이 가정을 책임지는 어른이니까요."

"그래 맞아. 누가 잘못했건 리더가 책임지는 거야. 우리 집에서는 그게 나지."

아이들은 고개를 떨구었다. 집에 돌아가면서 나는 과연 아이들이 어떻게 느낄지 궁금했다. 하지만 나는 아이들이 깨달을 것이라고 믿는다. 왜냐하면 나도 그렇게 배웠기 때문이다. 예수님은 인간의 죄를 지고 돌아가셨다. 그분이 억울한 삶을 사셨기에 우리는 그분을 존경하고 따르는 것이다. 하나님이 주신 아버지의 길은 예수님의 발자국 뒤에서 시작한다.

리더가 태평한 태평성대는 없다

나와 아이들이 격이 없이 노는 모습을 본 사람들은, 내가 아이들에게 너무 무르다고 생각하기도 한다. 하지만 부드럽게 가르치면서도 강할 수 있다. 노자의 스승이 세상을 뜨려 할 때 노자가 마지막으로 가르침을 청하자 스승이 말했다.

"혀가 있느냐?"

"네, 있습니다."

"이는?"

"하나도 없습니다."

"알겠느냐?"

"강한 것은 없어지고 부드러운 것은 남는다는 말씀이시군요."

말을 마친 스승이 눈을 감았다. 노자의 부드러움의 철학이 여기서 나왔다고 한다. 자녀를 거칠게 다루어서는 오랫동안 가르칠 수 없고, 부드럽게 품으면서 가르쳐야 한다. 물론 그렇게 하는 것은 몹시 힘든 일이다.

"임금이 태평한 태평성대가 있는 줄 아느냐?"

SBS 드라마 〈뿌리 깊은 나무〉에서 세종대왕은 태평성대가 되었다는 말에 화난 목소리로 말했다. 임금은 하나도 태평하지 않다고 말이다. 참으로 옳은 말이다. 리더가 민생을 고민할수록 그 사회의 구성원들은 편히 살 수 있다. 가정에서 부모의 삶도 이와 다르지 않다. 특히 아버지의 삶이 고달플수록 가정은 화목해진다. 그러면 아버지는 어디서 위로를 받나? 평소에 형, 동생으로 지내는 친한 전도사님이 이렇게 말씀하셨다.

"용성아, 남편이 억울해야 가정이 평안한 거야. 부모님께 칭찬받을 일이 있으면 아내를 데리고 가렴. 부모님께 꾸중들을 일이 있으면 너 혼자 가고. 네 아내를 좋은 며느리로 만들면 결국 그게 너한테 좋은 거란다."

그러면 나는 누구에게서 위로를 받느냐고 묻자, 형은 대수로울 것이 없다는 듯 대답했다.

"하나님 앞에 가서 울어."

이제는 나도 조언을 요청 받으면 그렇게 말한다. 가장 많이 울고 기도하고 억울함을 느끼는 사람이 리더다. 좋은 아버지가 되고프면 독박을 써라. 그리고 하나님께 가서 진정한 위로를 받으라고 말이다. 🚶‍♂️

chapter 06

자제력 총량 고정의 법칙

마시멜로 실험이라는 게 있다. 6세쯤 된 아이에게 달콤한 마시멜로나 과자를 주고서 15분간 먹지 않고 참으면 한 개를 더 주겠다고 하는 실험이다. 지켜보는 어른들에게는 이만큼 재미난 볼거리도 없지만, 아이들에게는 정말 고문과도 같다. 우리나라 방송에서도 세 살배기 삼둥이 대한, 민국, 만세에게 딸기로 실험을 했더니, 대한이와 민국이는 단 20초 만에 딸기를 먹어버렸다. 그만큼 참기 힘든 유혹이다. 아마도 이 실험을 고안한 사람은 아이들을 곯려먹는 재미를 아는 아빠일 것이다.

흥미로운 사실은, 1960년대에 처음 이 실험을 시작한 연구팀은 15년 후 어린이들을 추적하며 여러 가지를 관찰했다. 그 결과 마시멜로의 유혹을 참아낸 아이들이 대학입학능력평가(SAT)에서 우수한 성적을 거뒀고, 교우관계도 원만하다는 것을 알아냈다. 즉, 유혹을 이겨내고 순간적인 만족 대신 인내하는 능력이 인생의 성공을 좌우한다는 말이다. 이로써 자제력이 있는 사람이 큰 인물이 된다는 옛 어른의 가르침이 사실이라는 게 확인되었다.

사람들은 자제력이 어떤 특성을 가지고 있고 어떻게 키울 수 있는지 궁금하게 여겼다. 그래서 다른 실험을 만들어냈고 이번에는 어른들을 괴롭히기로 했다. 연구팀은 실험 참가자들이 기다리는 대기실에 샐러드용 무와 쿠키를 놓았다. 역시 사람들은 대부분 쿠키를 집어먹었다. 그리고 풀 수 없는 수학문제를 주고서 참가자가 얼마 동안 포기하지 않고 문제에 매달리는지 시간을 쟀다. 사람들은 무려 19분이나 수학 문제에 매달렸다. 수학자들도 아닌 사람들로서는 대단한 기록이다. 이번에는 다른 참가자들을 대기실에 모아놓고서 쿠키는 먹지 말라고 지시했다. 이유를 말하지 않고 쿠키를 금지했으니, 사람들은 마음이 불편했을 것이다. 그러고는 수학문제를 풀라고 하니 짜증폭발, 곧이어 사람들은 포기하기 시작했다. 그렇게 문제를 포기한 시간이 단 8분이었다. 19분과 8분. 쿠키를 보여주고도 못 먹게 했더니 사람들의 자제력과 집중력이 급격하게 줄어들었다. 쿠키 하나에 이렇게 허무하게 무너지다니 참으로 어이없다. 이런 허약한 인간이 신앙을 지키고 문명을 건설했다는 게 오히려 신기할 정도다.

유혹과 싸우지 말고 피하자

우리의 자제력은 무한하지 않은데, 나는 이를 두고 '자제력 총량 고정의 법칙'이라고도 부른다. 자제력은 다 쓰고 나면 더 이상 끌어다 쓸 수가 없다. 자제력은 근력과 같아서 하루에 쓸 수 있는 양이 사람마다 다르게 정해져 있다. 그래서 많은 유혹 속에서 공부해야 하는 우리 자녀들은 한정된 자제력을 현명하게 사용하는 요령을 배워야 한다. 그 요령을 배우기 위해 다시 마시멜로 실험에 참가한 아이들에게 돌아가자. 5분도 견디지 못한 아이들 대부분은 마시멜로를 뚫어지게 쳐다보았다. 과자를 쳐다보면서 안 먹으려니 죽을 맛이었을 것이다. 아이들은 마시멜로의 냄새를 맡아보고 급기야 혀로 핥아보더니 결국 먹고 말았다. 마시멜로를 쳐다보면서 참는 것은 실패를 예약한 것과 다름없다. 반면, 15분을 견딘 아이들은 하나같이 마시멜로를 쳐다보지 않으려고 노력했다. 벽을 쳐다보는 아이, 돌아앉은 아이, 구구단을 외우는 아이 등, 아이들은 제각각의 방법으로 달콤한 유혹과 싸웠다. 그렇다. **자제력을 보존하는 방법은 유혹을 견디는 것이 아니라, 유혹을 피하는 것이었다. 이럴 때에는 겁쟁이가 되어야 한다. 무조건 도망이다. 유혹이 있는 상황에 자신을 노출하는 것은 실수나 죄를 예약하는 것이다.**

위대한 다윗 왕이 한때 간음과 살인교사라는 엄청난 죄를 지었다는 사실을 많은 사람이 안다. 하지만 그의 인생에서 지울 수 없는 오점이 된 이 죄가 낮잠에서 시작된 것을 아는 사람은 그리 많지 않다.

어느 날, 다윗 왕이 낮잠을 자고서 해질 무렵이 되어서야 침상에서 일어났다. 그는 혼자서 옥상을 거닐다가 한 유부녀가 목욕하는 모습을 보고 죄를 짓기 시작했다. 그런데 다윗의 죄가 시작된 이 날은 그저 평범한 날이 아니었다. 다윗 왕은 한참 전쟁 중에 낮잠을 자고 있었다.

"이듬해 봄, 주로 전쟁이 시작되는 때가 되었을 때 다윗은 이스라엘군과 함께 요압을 출전시켰다. 그들은 암몬 사람을 치고 랍바 성을 포위하였다. 그러나 다윗은 예루살렘에 머물러 있었다. 어느 날 해질 무렵에 다윗은 잠자리에서 일어나 왕궁 옥상으로 올라가서 거닐다가 어떤 여자가 목욕하는 광경을 보게 되었다."
(삼하 11:1~2, 현대인의성경)

나도 가끔 낮잠을 자고, 아이들이 내 옆에서 자기도 한다. 낮잠이 문제가 되는 것은 아니지만 목숨이 위태로운 전쟁터에 사람들을 내보내고서, 리더가 낮잠을 잤다면 이건 문제가 있어 보인다.

요즘 학생들의 생활환경은 어떤지 살펴보자. 지하철, 버스 안에는 옷을 입는 둥 마는 둥 하는 게임 캐릭터가 묘한 미소를 짓고 있다. 스마트폰을 가지고 있다면 24시간 언제라도 인터넷에 접속하여 다양한 사진과 동영상을 볼 수 있다. 십대의 아이돌 가수들의 거친 노래와 격렬한 춤 동작은 학생들의 시선을 붙잡고 스마트폰 게임은 지치지 않는 재미를 가져다준다. 재미난 게 가득한 세상에서 학생들이 시험 공부를 해야 하니 당연히 죽을 맛일 것이다. 손가락 터치로 검색할 수 있는 정보가 수만 가지인데 연필을 들고 수학문제를 풀려니 머리가 지끈지끈 아파오고 자연스럽게 수포자(수학포기자)로 전락할 수밖에 없다.

　부모 세대는 TV를 바보 상자라고 불렀고, 그나마도 방송시간이 제한되어 있어서 아이들이 무절제하게 TV를 볼 수도 없었다. 하지만 요즘에는 모두들 손에 스마트폰을 들고 다닌다. 이 기계를 사용하면 스마트해진다고 하니 말릴 수도 없다. 하지만 우리는 안다. 정작 스마트해지는 것은 폰뿐이라는 것을. 스마트폰이 스마트해질수록 사람들은 점점 바보가 되어가고 있다. 내비게이션을 쓰기 시작하면서 길을 외우지 못하는 운전자가 늘어나고 있는 것을 생각해보라. 스마트폰이 우리를 스마트하게 만들어주지는 않는다. 학생들에게 스마트폰을 사주면서 절제하라고 하는 것은 눈앞에 쿠키를 주고서 먹지 말라고 하는 것과 같다. 스마트폰의 유혹과 싸우느라 자제력을 소진한 학생들은 공부에 집중할 에너지가 남아있지 않다.

자제력을 아껴 쓰는 법

해법은 간단하다.

　첫째, 유혹을 없애는 것이다. 앞서 말했지만, 유혹 대처법은 싸우는 것이 아니라 피하는 것이다. 우리 가정은 아이들에게 스마트폰을 사주지 않고 있다. 홈스쿨 학생들 대부분이 스마트폰을 가지고 있지 않기 때문에 크게 문제가 되지 않는다. 누가 시킨 것도 아닌데 홈스쿨링 부모들은 아이들에게 스마트폰을 사주지 않는다. 직관적으로 그 위험성을 알기 때문이다. 홈스쿨링 부모들이 보수적이라서 그런 것이 아니고 오히려 현명한 부모들이라서 스마트폰을 피하는 것일 수도 있다.

실리콘 밸리에는 IT 엔지니어 부모들이 선호하는 발도로프 학교가 있다. 이 학교는 입학조건으로 학생들에게 스마트기기 금지각서를 쓰게 한다. 흥미로운 점은 애플, 구글, 페이스북에서 근무하는 엔지니어들이 기꺼이 동의하고 각서를 쓴다는 점이다. 그들이 보수적이라서 그렇게 하는 것이 아니라 누구보다도 스마트기기의 가능성과 위험성을 잘 알고 있는 사람들이기 때문이다. 아이패드를 출시하고도 스티브 잡스가 자녀에게는 아이패드 사용을 금지했던 사실은 꽤나 유명한 일화다. 그 밖에도 많은 IT 기업의 CEO가 자녀들로부터 독재자로 불린다는 기사는 여러 차례 나왔다. 다른 것은 풍족하게 베풀면서도 유독 IT 기기만큼은 엄격하게 통제하는 이유가 무엇이겠는가. 유혹과 싸우는 대신 피하라고 가르치는 것이다.

둘째, 자제력이 풍부한 아침을 잘 활용하도록 가르친다. 새벽형 인간이 되라는 말이 아니다. 몇 시에 일어나건, 아침 시간을 낭비하지 말라는 말이다. 시간이 흐를수록 우리 자녀의 자제력은 사라진다. 어떤 양말을 신을까 고민하거나, 어느 과목부터 공부할까를 고민하는 것만으로도 자제력은 빠르게 사라진다. 그리고 자제력 총량을 모두 써버리는 저녁시간이 되면 집중력을 잃고 쉽게 유혹에 무너진다. 그래서 우리 가정은 아이들에게 오전 중에 하루 일과의 60%를 해내라고 가르친다. 오후 6시를 넘어가면 공부를 하지 말라고 하는 것도 같은 뜻이다. 그렇게 해서 아침에 집중해서 공부하는 대신 저녁에는 느슨하게 휴식을 즐기는 삶의 방식을 심어준다.

셋째, 자제력이 방전되면 휴식을 갖도록 가르친다. 휴식은 정말 쉬는 것을 말한다. 학생들은 종종 공부 시간 사이사이에 휴식을 한다면서 스마트폰으로 게임을 한다. 뇌에 대해서 조금이라도 공부한 사람이라면 이것이 완전히 틀린 말, 거짓말이라는 것을 알 것이다. 전자게임은 우리 두뇌를 엄청나게 혹사하는 중노동으로, 현란한 화면 속에서 나의 캐릭터를 움직여 적을 공격하고 아이템을 찾아내는 과정은 두뇌가 하는 노동 중에서도 상당히 강도가 센 중노동이다. 그래서 흔히 생각하는 것과 달리, 학생들의 두뇌는 휴식시간에 전자게임이라는 중노동에 시달린 후, 수업시간에 멍 때리면서 에너지를 보충한다. 그러니 당연히 공부가 될 리가 없다. 두뇌가 지치면 쉬게 해야 한다. 정말 아무것도 안 하고 눈을 감고 있는 게 최고다. 잠시 잠을 자는 것도 좋다. 전자게임 중노동은 정말 피해야 한다.

가끔은 자녀가 스마트폰 게임 말고는 좋아하는 것이 없다고 하는 부모를 만나거나 자녀가 전자게임을 정말 좋아하니, 아예 프로게이머로 키우면 어떨지 고민하는 부모를 만난다. 그러면 나는 진지하게 이런 질문을 하고프다. "자녀가 정말 게임을 좋아하는 걸까요? 아니면 공부가 하기 싫어서 게임을 하는 걸까요?" 물론 게임이 재미나기는 하지만 게임을 하는 자녀가 모두 게임에 열정을 가지고 있는 것은 아니다. 게임을 도피처로 삼는 자녀들도 적지 않은데 그것을 구분하는 방법은 비교적 쉽다. 우리가 무언가를 좋아하고 열정을 가지고 있다면 그것을 위해 시간과 노력을 투자하고 여유시간을 기꺼이 희생하는 태도를 보인다. 반면, 무언가를 도피처로 삼는 경우에는 시간도 노력도 투자하지 않고 여유시간을 희생하지도 않는다.

전설적인 프로게이머 임요환은 공부를 무척 싫어했다고 한다. 대신 전자게임을 정말 좋아해서 몇 시간이라도 지치지 않고 게임을 즐겼다. 당시에 게임을 즐겼던 사람들이 한둘이 아닌데 임요환만이 전설적인 프로게이머가 된 것은 그나 남다른 전략을 구사했기 때문이다. 그 전략들은 저절로 만들어지지 않았다. 임요환이 고민하고 연습해서 만들어낸 전략들은 나중에 대학의 경영수업에서도 활용되었는데, 그도 그럴 것이 그의 전략이 손자병법의 가르침과 일치하는 면이 많았기 때문이다.

만약 자녀가 스마트폰 게임을 좋아한다면, 과연 자녀가 게임을 하지 않는 시간에도 게임에 대한 기사를 읽고 연구하는지 살펴보면 된다. 열정이 있는 학생들은 프로게이머의 인터뷰 기사에 언급된 책을 찾아 읽거나 게임 동영상을 찾아내서 분석한다. 자녀가 해외 게이머의 근황을 알기 위해 영어사전을 들추기 시작하면 가능성이 있다고 보아도 된다. 만약 그 정도가 아니라면, 그냥 게임 하는 시간을 즐길 뿐이라면, 자녀는 게임에 열정을 가진 것이 아닐 것이다. 대부분 아이들은 친구들에게 게임 요령을 묻는 정도에서 멈춘다. 그 정도라면 자녀가 게임에서 도피처를 찾고 있는 것으로 보아도 될 것이다.

오해하시지 말라. 스마트폰을 악마의 도구라고 말하는 것이 아니다. 사실 잘 사용하면 좋은 도구다. 비유하자면 스마트폰은 날이 잘 선 칼과 같다. 그 칼이 요리사의 손에 들어가면 둘도 없는 조리기구가 되고, 예술가의 손에 들어가면 조각 칼이 된다. 하지만 다섯 살배기 아이 손에 들어가면 위험한 무기가 된다. 우리의 자녀들이 스마트폰이라는 예리한 칼을 다룰 정도의 성숙함이 아직 없다면 부모가 나서서 말려야 한다.

chapter 07

여유로운 환경이
'선한 사마리아인'을 만든다

예수께서 비유를 들어 말씀하셨다. "씨 뿌리는 사람이 씨를 뿌리러 나갔다. 그가 씨를 뿌리는데, 더러는 길가에 떨어지니, 발에 밟히기도 하고, 하늘의 새들이 쪼아먹기도 하였다. 또 더러는 돌짝밭에 떨어지니, 싹이 돋아났다가 물기가 없어서 말라 버렸다. 또 더러는 가시덤불 속에 떨어지니, 가시덤불이 함께 자라서, 그 기운을 막았다. 그런데 더러는 좋은 땅에 떨어져서 자라나, 백배의 열매를 맺었다." 이 말씀을 하시고, 예수께서는 "들을 귀가 있는 사람은 들어라." 하고 외치셨다. (눅 8:4~8)

'씨앗 비유', '마음 밭 비유'라고 알려진 이 이야기에서 씨는 예수님의 가르침을, 밭은 듣는 사람의 마음이나 태도를 말한다. 이 비유의 의미는, 씨보다 밭이 중요하다고 말하는 것은 아니지만, 씨만큼이나 밭이 중요하다는 뜻이다. 다른 말로 바꾸면, 자녀교육의 내용만큼이나 자녀교육의 환경도 중요하다는 말이 된다. 예를 들어보자. 자녀를 훈육할 때, 부모는 자신이 옳은 말을 하고 있으니 아이가 알아들을 것이라고 기대한다. 하지만 자녀가 부모의 가르침을 따르기는커녕 귀 기울여 듣지도 않았다는 사실을 알고 실망하는데 굳이 실망할 필요는 없다. 부모의 말이 잘못되어서가 아니다. 아이의 마음 밭(심리상태)이 돌밭이나 가시밭이어서 그런 것이다. 부모와 사이가 좋지 않은 아이의 마음은 돌밭과 같아서 부모의 말이 잠깐 뿌리를 뻗지만 곧 말라죽는다. 이런저런 잡생각이 많은 아이 마음은 가시밭과 같아서 부모의 말이 크게 자라나질 못하고 다른 생각에 밀려 죽는다.

 자녀교육에서 환경이 무척 중요하다. 마음 밭 비유에서 보았듯이 심리적 환경이 특히 중요하다. 심리적 환경은 물리적 환경의 영향을 많이 받기 때문에 자녀의 마음 밭(심리적 환경)을 바꾸려면 자녀의 주변(물리적 환경)을 바꾸어야 한다. 옛날 우리 조상들은 집을 만들 때에도 마음을 다스릴 수 있도록 집을 설계했다. 한옥에 찾아가면 마루에 오르는 길에 반듯한 댓돌이 손님을 맞는다. 아이들 눈에는 이게 신기하다. 댓돌은 도대체 어디에 쓰는 것일까? 댓돌은 흙 바닥에 신발이 나동그라지지 않게 올려놓는 곳이다. 비가 오는 날이면 댓돌

위에 올려놓은 신발에는 흙탕물이 튀지 않는다. 댓돌에는 또 하나의 쓰임새가 있다. 심리적인 쿠션 역할을 하는데 허겁지겁 집으로 달려오던 사람도 댓돌 앞에서는 조신하게 발을 모으고 신발을 벗게 된다. 이 과정에서 사람들은 마음을 다잡고 호흡을 조절한다. 조상들의 지혜로움에 감탄이 절로 나온다.

선한 사마리아인은 여유가 많았다

자녀교육을 위한 물리적 환경을 바꾸어 주려면 두 가지만 신경을 써도 효과를 볼 수 있다. 내용을 알고 나면 너무도 간단해서 허탈하기까지 하다.

첫째, 자녀에게 시간의 여유를 주는 것이다. 빈틈없이 짜인 시간표에서 자녀를 해방시키고, 자녀 스스로 여유시간을 채우는 훈련을 하게끔 하자. 빡빡한 일상에 시달리면 어른도 신경이 예민해지고 쉽게 짜증이 난다. 심리학자들이 만든 짓궂은 실험 중에 이른바 '여유로운 사마리아인'이라는 심리실험이 있다. 실험자는 신학교 대학원생에게 '선한 사마리아인'에 대한 설교 녹음을 사전에 부탁하고 당일에 대학원생을 찾아갔다. 그리고 녹음실이 있는 건물의 위치를 알려주고 먼저 자리를 떠났다. 실험 대상이 된 신학생은 녹음실로 가던 길에 벤치에 앉아있는 환자를 만났다. 물론 이 환자는 실험자가 심어놓은 연기자다. 과연 신학생은 가던 길을 멈추고 환자를 도왔을까? 참 짓궂은 실험이 아닐 수 없다. '선한 사마리아인' 설교 녹음을 하려는 신학생이 당연히 환자를 도와주리라 예상했지만 놀랍게도 모든 신학생이 기꺼이 환자를 돕지는 않았다. 그런데 무엇이 신학생의 반응을 결정했을까? 그것은 신학생의 성품이나 신앙심이 아니라 처음에 녹음실 위치를 알려준 실험자의 말이 신학생의 행동에 영향을 주었다.

실험자는 신학생들에게 길 안내를 하고서 세 가지 다른 말을 덧붙였다.

1) (매우 급함) 옆 건물에서 녹음기사가 몇 분 전부터 이미 기다리고 있습니다.
2) (약간 급함) 옆 건물에서 녹음기사가 기다리고 있습니다.
3) (여유) 옆 건물에서 녹음기사가 이제 막 준비를 시작했으니, 지금 가면 약간 기다리시게 될 겁니다.

순서대로 각각 10%, 45%, 63%의 신학생이 환자에게 도움을 주었다. 매우 급하다고 통지받은 신학생들 중에는 단지 10%만 환자를 돕고 나머지는 도움을 요청하는 환자와 간단한 대화만 하고서 급히 자기 길을 갔다. 선량한 행동은 선량한 마음으로부터 나온다. 하지만 시간이 부족하다고 판단하면 신학생들도 선량한 행동을 하지 않는 사실은 시사점이 크다. '곳간에서 인심 난다'는 옛말이 있듯이 '선한 사마리아인을 만드는 것은 알고 보니 시간의 여유'라는 결론이 나온다. 이 실험의 여파는 꽤 컸는데, 오죽하면 실험결과를 통보받은 신학생 중 두 명은 자신이 정말 신학자가 될 만한 소양을 갖춘 사람인지 의심까지 했다고 한다. 신학생들도 이러한대 일반 청소년들은 어떨까? 시간에 쫓기는 청소년들에게 시간적 여유를 주어야 한다.

둘째, 자녀에게 공간의 여유를 주어야 한다. 책이든, 장난감이든 방을 채우고 있는 것이다. 요즘 아이들이 겪는 많은 문제는 결핍이 아니라 과잉으로 인한 혼란에서 온다. 책이 귀하던 시절, 우리 조상들은 몇 권 되지 않는 책을 반복해서 읽어 결국 전부 외웠고 책을 외울 정도가 되어야 공부 좀 했다고 여겼다. 골수 정통파 유대인들은 12세가 될 때까지 성경과 그 해석을 다룬 《탈무드》만 읽는다. 부모가 공룡 그림책 하나도 사주지 않으니, 아이들은 책 속에서 만난 하나님과 모세를 상상하면서 논다. 흔히 유대인은 창의력과 상상력이 풍부하다고들 하는데, 그 이유는 여러 가지 흥미로운 책을 읽어서가 아니다. 오히려 화려한 그림도 없는, 얼핏 보면 지루한 책을 읽고 상상하는 것이 창의력을 키우는 데 더없이 좋다. 그러니 책이 적다고 미안하게 여길 일이 아니다. 자녀의 방을 전집으로 채우고도 더 많은 것을 주지 못해 안달하지 말자. 책은 빌려 읽어야 제 맛이고 기한에 쫓길 때 읽는 책은 정말 재미있다. 부모의 과잉공급이 자녀의 상상력과 창의성을 제한한다는 것을 생각해본 적이 있는가? 아이에게는 빈둥거리고 상상할 수 있는 공간의 환경이 필요하다.

집 밖으로 나가야 마음의 여유가 생긴다

아이들을 방에서 몰아낼 필요가 있다. 아파트의 좁은 공간은 아이들에게 스트레스를 주기에 충분하다. 가끔은 아이들이 방문을 걸어 잠그고 나오지 않아서 걱정하는 부모를 만난다. 아이들이 좁은 공간을 좋아하는 것으로 착각하는데 천만의 말씀이다. 대부분의 아이들은 넓은 공간을 좋아한다. 공원을 뛰어다니는 모습을 보면 알겠지만, 특히 남자아이들은 넓은 공간을 좋아한다. 하지만 많은 부모는 본인이 직접 확인할 수 없는 바깥으로 자녀가 사라지는 것을 싫어한다. 그런 부모일수록 자신들이 어렸을 적에 어떻게 놀았는지 기억할 필요가 있다. 부모 세대의 대부분에게는 공원이나 놀이터 등에 친구들이 만나서 노는 아지트가 있었다. 미리 약속을 하지 않아도 그곳에 가면 친구들이 있었고, 가끔은 그곳에 엄마에게 말하지 않고 산딱지와 구슬을 숨겨 두기도 했다. 집 바깥에 자신의 공간이 있는 경우, 아이들은 집 안에 숨지 않는다. 단독주택의 경우는 그나마 조금 낫다. 집 곳곳에 개인공간이나 비밀공간으로 쓸 만한 구석들이 있어서, 아이들은 적당히 부모의 눈을 피해 숨어가면서 놀기도 한다. 하지만 요즘의 아파트에는 숨을 곳이 없다. 문만 열면 거실이고, 문만 열면 개인 방이다. 사실상 개인공간이 없다. 놀이터에는 아이들이 없고, 집에서 밀려난 아저씨들이 가끔 담배를 피운다. 갈 곳 없는 아이들은 문을 잠가서라도 개인공간을 만들고 싶어하는 것이다.

우리 부부는 종종 아들 셋을 밖으로 내몬다. 딱히 갈 곳도 없지만 그냥 아이들을 내몬다. 그러면 아들 셋이서 배드민턴을 하기도 하고, 다른 아파트 단지 놀이터를 순회공연 하듯이 다녀오기도 한다. 덩치가 커진 큰 아들 현민이는 어린 동생들을 떼어놓고 혼자서 야트막한 뒷산으로 산책가는 날도 많다. 하루에 한 번 이상 1시간 가까이 집 바깥에서 놀기 시작한 이후, 아이들은 방문을 잠그지 않고 있다. 그럴 필요가 없어졌기 때문이다. 아이들을 믿자. 우리 아이들은 부모의 걱정에 비해 비교적 안전하고 건전하게 논다.

곳간에서 인심 난다

시간과 공간에서 여유를 가지면 마음도 너그러워진다. 물리적인 환경을 바꾸면 자녀의 마음 밭이 부드러워지고 부모의 말도 잘 심긴다. 요즘 학생들을 보자. 늘 일정에 쫓기고 시간이 모자란다고 한다. 집 근처에 카페나 식당은 많지만, 가벼운 마음으로 올라갈 수 있는 뒷동산은 없기에 당연히 마음에도 여유가 사라진다. 청소년들은 쉽게 짜증내고 화를 쏟아낼 대상을 찾아 집단적으로 따돌림을 하고 분노를 뿜어낸다. 더 이상 이런 식으로는 청소년의 정신건강을 장담할 수 없다.

처음 홈스쿨링을 시작할 때, 상담 선생님이 이런 말을 했다.

"6개월간 아무 것도 시키지 말아보세요. 어차피 학교를 떠나는 마당에 그렇게 해보시는 것도 좋아요. 그렇게 쉬면서 마음이 회복되면 다시 공부하고 싶어질 거예요."

"그러다가 아예 공부를 하지 않겠다면 어떻게 하지요?"

"그런 경우는 한 번도 본 적이 없어요. 아이들은 원래 배우는 걸 좋아해요. 너무 많이, 너무 빨리 배우라고 하니까 싫어하는 것뿐이에요."

선생님과의 대화는 신선한 충격이었다. 모든 아이가 당연히 공부를 싫어할 것이라 생각했는데, 선생님은 오히려 반대로 말했다. 정말 아들의 학원을 모두 끊어보았다. 그러자 두어 달도 되지 않아, 아들이 종이접기 학원과 태권도 도장에 다니고 싶다고 말했다. 이어서 아들이 수학 학원에 다니고 싶다고 해서 수학학원에도 보냈다. 하지만 영어는 도통 공부하고 싶어하지 않아서 발등에 불이 떨어지면 움직이겠지 생각하며 몇 년이 지나도록 학원에 보내지 않고 있다.

우리 아이들은 시간과 공간의 여유를 느끼면서 마음이 많이 너그러워졌고, 매일 신나게 뛰어 놀아서 그런지 지난 수 년간 아파서 병원에 간 적도 드물다. 우리 자녀에게 여유로운 환경을 주면 자녀는 '선한 사마리아인'이 되고, 각박한 환경을 주면 짜증대마왕이 된다는 사실을 확인하게 되었다. 기억하자. 곳간에서 인심이 나온다는 것을!

chapter 08

하나님이 주신 놀이 본능을 활용하다

"하나님, 인간을 보실 때 가장 신기한 것이 무엇입니까?"
하나님께서 대답하셨다.
"첫째, 젊어서는 돈을 벌려고 건강을 망치더니, 늙어서는 건강을 되찾겠다고 번 돈을 다 쓰는 것이다."
"둘째, 미래를 걱정하고 준비하느라, 현재의 복을 제대로 누리지 못하는 것이다."
"셋째, 결코 죽지 않을 것처럼 살다가 결국 살았던 적이 없는 것처럼 죽는 것이다."

위의 농담에 내가 하나를 더해보겠다.

"넷째, 대학에 가기 전에는 모든 지식을 외울 것처럼 공부하다가 정작 대학에 가면 공부를 하지 않는 것이다."

어쩌면 고등학교까지는 공부할 수 있는 기초를 다지는 기간이고, 진짜 공부는 대학에서 시작하는 것일 수도 있다. 하지만 우리나라 학생들은 고3 때 모든 에너지를 쏟아내고서 대학에 들어가면 탈진하여 1, 2년을 방황하니 하나님이 보시기에 참 우스울 것 같다. 사실 청소년기는 호기심을 가지고 세상을 탐구하는 시기라서 놀기도 하고, 도전도 하고, 시행착오도 겪는다.

비유하자면, 청소년기는 기업의 연구개발 부서의 역할을 한다. 만약 연구개발 부서에게 낭비 없고 실수도 없게 일하라고 지시하면 어떤 일이 벌어질까? 포스트잇으로 유명한 3M이 GE 출신의 CEO를 영입한 때가 있었다. 새로운 CEO는 연구부서에 품질관리에 힘쓰라면서 실수하지 말라고 당부했다. 그러자 연구원들은 평범한 수준의 개선작업만 하려고 했다. 그 결과, 3M은 신제품이 줄어들어서 기업이 큰 위기를 맞았다. 바로 이런 이유로, 구글이나 페이스북 등은 연구개발 엔지니어들이 놀이하듯 일할 수 있는 환경을 만들려고 노력한다.

홈스쿨링을 처음 시작할 당시, 우리 부부는 이러한 청소년기의 특징을 제대로 이해하지 못했다. 집에만 있는 아이들이 학교에 버금가게 공부해야 한다고 생각한 나머지 강제로 공부를 시켰다. 홈스쿨링 초기에 우리 가정에 식사 쿠폰제도가 있었는데, 하루의 공부량을 마치면 다음 날 점심밥과 저녁밥을 먹을 수 있는 쿠폰을 받는 것이다. 뭔가 재미난 것이라 생각한 아이들은 두 손 들고 환영했다. 공부 내용을 엄마가 검사한 뒤 도장이 찍힌 쿠폰을 주자, 아이들은 그걸 장난감처럼 가지고 놀더니 다음날 식사 때 내놓았다. 홈스쿨링하면서 공부량을 최소로 정했기 때문에 아이들은 소꿉놀이처럼 즐기면서 손쉽게 쿠폰을 받아갔다. 그러다가 점점 느슨해지기 시작하더니, 결국 아이들은 하루의 공부량을 채우지 못하기도 했다. 쿠폰이 없어 밥을 굶던 첫날, 아들은 엄청 당황했다.

"아빠, 정말 밥 안 줘요?"

"쿠폰이 없잖아. 아쉽지만 오늘 네 밥은 없다. 앉아서 동생이 밥 먹는 걸 쳐다보는 건 괜찮아."

울먹이던 아들은 차라리 방에 가겠다고 했다. 밥을 굶는 것이 고통스러운데도 아들은 계속해서 일주일에 한 번 정도 쿠폰을 놓쳤다. 그럴 때면 오전에 산책 나갔다가 간식을 사와 숨겨두는 꼼수를 부리기도 했다. 식사 쿠폰제도는 나름의 성공을 거두었지만, 3개월 후에 종료했다. 아이들도 나도, 밥으로 사람을 조종하는 것은 치사하다고 생각했기 때문이다. 놀고 싶어하는 아이들의 특성을 이해하면서 우리 부부의 동기부여 방식은 좀 더 섬세하게 발전했다.

놀이 본능이 학습의 동력이다

KBS의 〈동물의 왕국〉과 같은 프로그램을 보면 동물들은 유년기에 계속 놀고 다 자라 성체가 되면 더 이상 놀지 않는다는 것을 알 수 있다. 먹이를 먹고 번식하는 일 외에는 인생이 지루한 듯 마냥 쉬고 싶어한다. 그런데 여기에 비밀이 있다. 어린 동물이 하루 종일 노는 것은 생존에 필요한 기술을 배우는 과정이다. 그렇다 보니, 성체가 되어 생존이 가능해지면 더 이상 배울 필요가 없고, 따라서 놀지도 않는 것이다.

반면, 하나님의 형상을 닮은 사람은 나이가 들어서도 계속 배울 수 있다. 그래서 인간만이 죽을 때까지 다양하고 체계적인 놀이를 개발하고 즐긴다. 우리가 문화라고 부르는 것 중 상당 부분이 이러한 놀이본능에 근거하는데 어린이의 구슬치기는 어른의 골프가 되고, 어린이의 어설픈 몸놀림은 어른의 발레가 된다. 어릴 적 놀면서 다투던 아이들은 나이 들어 협상가나 외교관이 되고, 어릴 적 딱지를 하던 아이들은 나이 들어 증권투자자가 된다. 어린이들의 놀이는 시간 낭비가 아니다. 어른이 되어가는 과정이고, 삶에 꼭 필요한 기술을 익히는 과정이다.

청소년들은 조금 더 복잡하고 섬세한 놀이를 한다. 그만큼 지식도 늘고 정교한 대화도 가능하기 때문이다. 그런데 이 시기에 부모가 공부만 강요하거나, 전자게임만 허락한다면 그만큼 자녀의 학습효과가 감소될 수 있다. 우리 가정의 세 아들은 전자게임이 아닌 아날로그 방식의 놀이를 선호한다. 가족이 함께 활동하는 경우가 많아 우리끼리의 놀이도 여럿 개발했는데 그중 몇 가지를 소개한다.

① 끝말잇기

함께 차를 타고 교회를 오갈 때 주로 하는 게임이다. 하도 여러 번 하니 아이들의 단어가 풍부하게 늘었고 이제는 세 아들 실력이 좋아서 웬만해서는 끝나지 않는다. 그러다 보니, 세 아들은 필살기 단어를 여럿 개발했다. 그릇, 나무꾼, 눈썹, 로봇, 리듬, 무릎, 무늬, 버릇, 씨름 등이 게임을 끝내는 필살기 단어들이다.

② 초성게임

끝말잇기가 지루해질 즈음에 시작한 놀이다. 자음 초성만 주고 단어를 맞추는 게임이다. 끝말잇기가 끝나지 않기 때문에, 승부가 빠른 초성게임이 더 인기가 있다. 예를 들어, 막내 지민이가 'ㄱ(기역), ㄴ(니은)'이라고 말하면, 나머지 가족은 단어를 말하는데 가장 늦게 말하는 사람이 진다. 가나, 강남, 가난, 고난, 그네, 그늘 등 해당하는 단어는 열 개를 넘어간다. 단어를 체계적으로 익히는 데 이만한 놀이가 없다.

③ 초성게임(런닝맨 버전)

초성게임에 약간의 운동과 용돈을 더하면 아이들은 눈을 반짝이며 놀이에 몰두한다. 초성을 주고서 해당하는 이름을 가진 상품을 찾아오면 가격에 해당하는 용돈을 주는 업그레이드 버전이다. 한산한 밤 시간에 가끔 우리 가족은 데이트를 겸해서 집을 나서곤 하는

데, 사람이 적은 시간에 마트는 아이들에게 최고의 놀이터가 된다. 게임의 규칙은 이렇다. 부모가 초성을 주면, 세 아들은 제한 시간 내에 초성 단어를 가진 제품을 찾아오고 부모는 그 제품의 가격에 해당하는 용돈을 준다. 일반적인 초성게임이 머리만 쓰는 게임이라면, 이 게임은 몸도 써야 하기 때문에 훨씬 박진감이 넘친다.

이 게임을 처음으로 하던 날 밤, 아내는 일부러 어려워 보이는 글자를 주었다. 'ㅌ(티읕)'과 'ㄹ(리을)'. 아이들이 물건을 찾지 못하고 포기하면 그냥 집으로 돌아오려는 계산이었다. 그런데 7분 만에 막내 지민이가 물건을 찾아왔다. '트로피카나' 오렌지 주스! 지민이가 주스 가격 6,800원을

확보하자, 나머지 두 녀석이 조르기 시작했다. "한 번 더 해요~." 두 번째 초성은 'ㄴ'과 'ㅈ'이었다. 언뜻 생각나는 단어는 '남자'였지만, 그걸 팔지는 않을 테니 무얼 찾아오는지 궁금해졌다. 그런데 해민이가 '남자라면'을 찾아왔다.

그런 라면이 있는 줄은 상상도 못했다. 두 동생이 용돈을 확보하자, 큰 아들 현민이가 몸이 달아올랐다. 누가 이기더라도 짜증내지 않겠다

는 다짐을 받고 난 뒤, 세 아들에게 'ㄱ'과 'ㄷ'을 주었다. 이미 이마에 송골송골 땀이 맺힌 아이들은 또 뛰기 시작했다.

얼마 후 작은 환호성과 함께 뛰어오는 현민이의 손에 '고등어 오븐구이'가 들려 있었다. 마트 영업에 방해가 되지 않기 위해 우리는 이 게임 방식을 바꾸었다. 이제는 물건을 가져오는 대신 사진을 찍어오게 했는데, 그때마다 아이들은 흥분의 도가니에 빠졌다.

④ 단어 조합 게임 '요나를 찾아라'

식당에서 대화를 하고픈 어른들과 달리, 아이들은 금세 지루해하고 무얼 할지 몰라 안달한다. 그래서 별 생각 없이 안내지나 메뉴판 등에서 글자를 뽑아 조합하여 성경 속 인물 이름을 찾아보라고 주문한다. 예를 들어, 요리의 '요'와 참나무의 '나'를 합쳐서 '요나'를 만드는 식인데 특히 해민이와 지민이가 좋아한다. 우리 가정은 이 게임을 '요나를 찾아라'라고 부르는데, 관찰력, 상상력, 집중력을 키워주는 데 효과적이고, 무엇보다도 아이들의 방해 없이 어른들이 대화를 할 수 있어서 좋은 놀이다.

그 밖에도 세 아들은 갖가지 보드게임을 가지고 논다. 전자게임에 익숙한 아이들이 보기엔 참 구식일지 몰라도 정작 해보면 정말 재미나다. 세 아들이 좋아하는 '뱅(Bang)'의 경우에는 나도 종종 참여하는데, '한 게임만, 한 게임만'을 외치다가 두 시간 가까이 하게 된다.

일상이 놀이가 되고, 놀이가 학습이 되는 삶

아무래도 홈스쿨 아이들은 집에서 시간을 보내기 때문에 자칫 지루한 일상에 빠지거나 학교 다니는 아이들보다도 전자게임의 유혹에 더 쉽게 무너질 수도 있다. 이때 부모가 놀이를 막는 것은 현명하지 못하다. 놀이 본능은 하나님이 인간에게 주신 특성이기 때문에 막을 수가 없다. 놀이 본능을 건설적으로 유도하면, 우리 자녀들은 즐겁고 유익한 놀이경험을 하게 될 것이다. 흐르는 물을 조절하려면 막는 대신 의도대로 물길을 터야 한다. 마찬가지로 자녀의 놀이본능도 막는 대신 아날로그 방식의 단체 게임으로 유도해주는 것이 바람직하다. 그런 의미에서 축구, 야구 등의 스포츠는 훌륭한 놀이다.

학교에 다니는 아이들을 차에 태우고 여행을 떠나는 부모라면 모든 스마트폰을 거두어 트렁크에 넣어놓고 출발하기를 바란다. 처음에는 저항이 있겠지만, 자녀의 학교생활, 교우관계, 취미와 재능 등 다양한 소재로 대화할 수 있고 끝말 잇기나 초성 게임 등으로 단어를 늘려갈 수도 있다. 결국 일상이 놀이가 되고 놀이가 학습이 된다면 이보다 쉬운 공부는 없을 것이다. 부모의 노력으로 자녀는 바로 그런 공부를 할 수 있게 될 것이다.

PART | 03

성품 교육이 중요하다

chapter 01

성공과 실패를 가르는 것은 습관이다

　가끔은 사소한 경험이 큰 깨달음을 주기도 한다. 다음은 스웨덴의 교육업체 'EF'의 창업자 버틸 헐트 회장의 이야기다. 그는 뇌의 이상으로 어렸을 적부터 난독증을 앓았다. 흔들리는 버스 안에서 책을 읽듯이 글자가 흔들려 보이기 때문에, 난독증 환자는 책을 읽기 힘들어 한다. 그래서 학교 공부를 제대로 할 수 없었고 만사에 의욕도 없었던 버틸 헐트는 숙제를 혼자 할 수 없어 15세가 될 때까지 언제나 엄마가 숙제 내용을 읽어줬다. 읽지 못하니, 듣는 일에 집중했고 기억력은 발달했다. 그는 중학교를 졸업하고 스웨덴의 한 은행에서 우편물과 서류를 전달하는 사환으로 근무했다. 늘 주머니에 손을 넣고 느릿느릿 걸어다닐 만큼 일을 열심히 하지도 않았고, 잘하지도 못했다. 어느 날, 상사가 다가와 그에게 바지를 가져오라고 하더니 그의 바지를 자기 집으로 가지고 갔다. 다음 날, 상사가 그에게 바지를 돌려주었는데, 바지 주머니가 꿰매져 있었다. 상사가 말했다. "이게 많은 걸 가르쳐줄 것이다. 다시는 주머니에 손을 넣고 다니지 말아야 한다는 것을."

버틸 헐트는 충격을 받았고, 이후 삶의 태도가 달라졌다. 그는 앞으로 직장에서 제대로 일을 못 하는 인간이 되지 않겠다고 결심했고, 더 이상 느릿느릿 걸어다니지도 않았다. 그렇게 2년을 일했더니 상사가 '영국에 가서 영어를 배우고 오라'며 영국 선박회사의 인턴십을 주선해주었고, 그는 영국에서 6개월을 머물렀고 돌아와 고졸 검정고시를 치르고 대학에 입학했다. 물론 책을 읽을 수가 없어서 대학생활도 한 학기로 끝이었다. 대신 그는 사업에 눈을 떴고 외국어 교육업체의 사장이 되었다. 바지 주머니에 손을 넣지 않고 적극적으로 살아가려는 노력의 결과였다.

좋은 습관은 아이언맨의 수트와도 같다

주머니에 손을 넣지 않는 작은 습관이 인생을 바꾸다니 놀랄 일이 아닐 수 없다. 저명한 교육학자들 중에는 학생들의 습관에 비상한 관심을 가진 분들이 있다. 유아교육 전문가 몬테소리 여사는 어린 학생들에게 '선 따라 걷기'를 시켰다. 흔들면 소리가 나는 방울을 손에 들고 교실 바닥에 그려진 선을 따라 걷는 활동이다. 지극히 단순하지만 이 과정을 통해 학생들은 차분해지고 자기 몸을 다스리는 법을 배웠다.

나 또한 습관의 중요성을 믿기에 아이들에게 주머니에 손을 넣지 말라고 한다거나 밥 먹을 때 다리를 떨거나 한쪽 팔꿈치에 기대어 먹지 말라고 하는 등 바른 자세와 습관의 중요성을 강조한다. 가끔 아이들은 아버지가 이래라저래라 잔소리가 너무 많다며 투정을 부리곤 한다. 그래서 하루는 아이들에게 '로봇 수트' 동영상을 보여주고 설명을 했다. 환자나 노인들이 생활하기 쉽도록 만든 로봇 수트는 우리 아이들이 좋아하는 영화 캐릭터 '아이언맨'의 초기 버전 정도에 해당한다. 노인들이 이 기계를 입으면 힘이 세져서 계단도 잘 오르고 무거운 짐도 들 수 있다.

"아들, 습관이란 게 바로 이런 거야. 로봇 수트."

"그게 무슨 말이에요?"

"좋은 습관은 이 '로봇 수트'처럼 손쉽게 일할 수 있도록 도와주는 거지. 생각해봐. 아침 7시에 일어나는 습관을 가진 사람은 아침이 얼마나 여유롭겠니!"

아이들이 고개를 끄덕였다.

"반대로 나쁜 습관은 고장 난 '로봇 수트'를 입는 것과 같아. 아침에 늦잠 자는 습관을 가진 사람은 침대에서 일어나는 것도 힘들지 않겠니? 자, 우리 한 번 해볼까?"

아이들이 순서대로 누워 있는 내 배 위로 올라왔고, 나는 낑낑대면서 간신히 일어나는 모습을 보여주었다. 아이들은 신나서 웃기 시작했다.

"바로 이런 거야. 이렇게 하루를 시작하면 아침에 벌써 다 지치지 않겠니? 그러니까 평소에 좋은 습관을 가져야 하는 거야."

한번은 안식일 저녁에 온 가족이 둥글게 앉아 습관을 주제로 이야기를 나누다가 아이들에게 질문을 던졌다.

"얘들아, 성경말씀 속에 율법이 몇 개나 있는지 아니?"

"몰라요."

"모두 613개란다. 그중에 무엇 무엇을 하지 말라는 율법이 365개, 무엇 무엇을 하라는 율법이 248개야."

"그렇게나 많아요?"

"그렇지. 돼지고기를 먹지 말라는 율법도 있어."

"그건 우리도 알아요."

"그런데 하나님께서 왜 유대인들에게 돼지고기를 먹지 말라고 하셨는지 아니?"

"그건 모르겠어요."

"돼지는 정결하지 않은 동물이라고 하셨기 때문이야. 돼지가 정결하지 않다는 것은 깨끗이 씻지 않았다는 말이 아니야. 그건 하나님께서 보시기에 깨끗하지 않다는 말이야. 하나님의 기준이 어떻게 만들어졌는지는 아빠는 모르지만 이것만은 알지. 유대인들이 율법에 순종했기 때문에 살아남을 수 있었다는 것을."

"유대인들은 돼지고기를 먹으면 죽어요?"

"그건 아니지. 하지만 성경이 쓰였던 시기에는 그럴 수 있었어. 예전에는 지금처럼 가스불로 고기를 굽지 않았기 때문에, 설익은 고기를 그냥 먹기도 했는데 유독 돼지고기가 배탈을 잘 일으켰단다. 그래서 지금도 돼지고기는 충분히 익혀서 먹으라고 하는 거야. 소고기는 회로 먹을 수 있지만 돼지고기는 회로 먹을 수 없지. 유대인들은 이런 이유까지는 몰랐어도 식사 율법을 반드시 지켰단다. 밥 먹기 전에 손을 씻는 율법도 당시에는 유대인들만 지키는 습관이었어. 그래서 유대인들은 여러 가지 전염병을 피해 목숨을 구할 수 있었던 거야."

아이들은 어느새 이야기에 홀딱 빠져든 눈치다. 이제 내가 가르칠 때가 되었다.

"얘들아, 유대인들이 비록 모든 율법의 이유를 알지 못하지만 보호자인 하나님의 말씀을 따랐기 때문에 보호받을 수 있었지. 마찬가지로 너희가 지금은 이해하지 못하더라도 아버지나 어머니가 가르치는 것을 따르는 것은 매우 중요해. 그렇게 순종하면 좋은 습관이 생길 거고, 그 습관이 너를 지켜주는 거야."

그제야 아이들은 수긍하는 듯 고개를 끄덕였다. 물론, 앞으로도 수차례 다시 설명해야 하겠지만 그때마다 나는 매번 아이들에게 좋은 습관을 기대하고 요구할 것이다. 좋은 습관을 가지면 몸이 건강해질 뿐 아니라, 하나님의 영광을 볼 수 있기 때문이다.

좋은 습관을 가진 사람은 하나님의 영광을 본다

성경에는 작은 습관의 차이 때문에 하나님의 영광을 본 소수의 사람들과 그렇지 못한 사람들의 이야기가 있다. 기드온이 하나님의 백성을 이끌고 전투를 하러 갈 때의 일이다. 하나님께서는 사람이 너무 많다면서 군대를 줄이셨는데, 큰 군대가 적과 싸워 이기면 자신들의 업적이라며 교만해질까봐 염려하셨기 때문이다. 기드온은 하나님의 명령대로 군인 1만 명에게 물가에서 물을 마시게 했고 그곳에서 하나님은 사람들의 습관을 보시고 당신이 쓰실 사람들을 골라내셨다.

기드온이 군대를 물가로 데리고 내려가니, 주님께서 기드온에게 이렇게 일러주셨다. "개가 핥는 것처럼 혀로 물을 핥는 사람과 무릎을 꿇고 물을 마시는 사람을 모두 구별하여 세워라."

손으로 물을 움켜 입에 대고 핥는 사람의 수가 삼백 명이었고, 그 밖의 백성들은 다 무릎을 꿇고 물을 마셨다. 주님께서 기드온에게 이르셨다. "물을 핥아먹은 삼백 명으로 너희를 구원하겠다. 미디안 사람들을 너의 손에 넘겨주겠다. 나머지 군인은 모두 온 곳으로 돌려보내라."

그래서 기드온은 물을 핥아먹은 삼백 명만 남겨 두고 나머지 이스라엘 군대는 각자의 집으로 돌려보냈다. 남은 삼백 명은 돌아가는 군인들에게서 식량과 나팔을 넘겨받았다. 미디안의 진은 그

아래 골짜기에 있었다. (사 7:5~8)

적이 올 것을 대비하여 긴장을 풀지 않은 300명만 남고 나머지는 모두 집으로 돌아가야만 했다. 손으로 물을 떠 먹는 것이 그렇게 대단한 습관은 아니지만 하나님은 작은 습관을 통해서 사람의 성품을 보고자 하셨다. 훗날 이 300명은 무기도 없이 뿔나팔과 횃불 항아리만 들고서 적군을 물리쳤다. 기드온의 군대는 적군에게 불빛을 보이지 않으려고 횃불을 항아리에 담았다. 조심하는 태도가 부족한 사람이라면 작전 도중에 불빛을 노출해서 전투를 망쳤을 수도 있으므로 이를 아시는 하나님은 물 마시는 모습을 통해 조심하는 군인을 골라내셨다. <u>조심스러운 성품을 가진 사람들, 좋은 습관을 가진 사람들은 하나님의 능력과 영광을 볼 수 있었다. 무슨 신학적 근거를 가지고 하는 말은 아니다. 하지만, 이런 추측만으로도 참으로 멋진 일이 아닐 수 없다.</u>

기드온의 이야기를 읽고 나니 혹시라도 사소한 나쁜 습관 때문에 하나님의 계획에서 제외될까 염려하는 마음이 든다. 부디 아이들이 좋은 습관을 길러서 하나님께 쓰임 받기를 바란다. 그래서 나는 아주 가끔 아이들의 습관을 고치기 위해 무섭게 화를 내곤 한다. 화가 나기도 하지만 의식적으로 화를 내기도 한다. 그렇지 않으면 아이들이 문제의 심각성을 느끼지 못할 수도 있기 때문이다. 얼마 전에도 아이들에게 화를 냈는데 아이들은 평소에 인자한 아빠가 하찮아 보이는 말이나 행동에 대해 왜 그리도 화내는지 이해하지 못한다. 그래서 가끔은 아이들에게 도미노 이야기를 해준다.

내가 아이들의 작은 실수를 지적하는 이유는 도미노를 세우는 이유와 비슷한데 도미노가 일단 쓰러지기 시작하면 걷잡을 수 없다. 마찬가지로, 하나의 습관은 종종 다른 습관으로 이어진다. 예를 들어, 물건을 낭비하는 사람은 돈을 낭비하고 시간도 낭비하는데 이러한 낭비는 인생과 재능의 낭비로 이어진다. 문제는 개인적 낭비에서 끝나지 않는다는 것이다. 사람들이 이처럼 허술해지면 영리한 사람들은 허술해진 사람들 위에 군림하려고 한다. 그들은 권력을 좇는 정치가일 수도 있고, 이윤을 추구하는 기업인일 수도 있고, 어쩌면 사람들을 조종하고픈 종교인일 수도 있다. 이처럼 사람들은 작은 습관을 고치지 못해 의식하지도 못하는 사이에 정신적 노예의 삶으로 기어들어가기 시작한다.

인생의 성공과 실패에는 지식이나 지능이 결정적인 역할을 한다고 믿는 부모들이 있다. 나는 다르게 생각한다. 지능이 어느 정도는 중요하지만 절대적이지 않다. 특히 학자가 될 것이 아니라면 지능이나 지식만 믿으면 안 된다. 지능은 바꿀 수 없어도 습관은 바꿀 수 있으니 습관에 집중하는 것이 현명하다. 성공과 실패를 가르는 것은 습관이니까 말이다.

chapter 02

습관이 성품을 만들고, 성품이 운명을 낳는다

　습관이 인생의 중요한 부분임을 알기에 유대인 부모는 자녀가 어릴 적부터 자녀에게 신앙심을 끌어올릴 다양한 습관을 가르친다. 예를 들어, 유대인 가정에서는 식사 전에 손을 씻는데, 수돗물에 바로 손을 씻는 대신 전용 컵에 수돗물을 받아서 양손을 번갈아 세 번 씻는다. 위생의 목적보다는 율법을 지키는 목적이 더 크다. 가나안은 물이 부족한 지역이기에 유대인이 아닌 다른 민족들은 손을 씻지 않고 음식을 먹는 경우가 많았지만 유대인들은 율법의 계명에 따라 반드시 손을 씻고 음식을 먹었다.

　그 밖에도 유대인들은 거주지 근처에서 대소변을 보지 못한다는 식의 다양한 습관을 개인, 집단 차원에서 만들어냈고, 그러한 습관들은 유대사회를 건강하게 유지하는 데 기여했다.

유대인들이 이렇게까지 성경과 율법, 습관에 매달리는 것은 쉐마 구절 때문이다. 신명기 6장 4~9절은 부모에게 자녀가 누워 있을 때나, 일어나 있을 때나, 언제나 가르치라고 하고, 자녀들이 성경말씀을 기억하도록 몸에 지니고 집에 붙이라고까지 한다. 하루에도 네 번씩 이 구절을 외우는 유대인들은 죽을 때 이 구절을 외우면서 죽는 것을 명예로 여긴다. 성경말씀이 삶 깊숙한 곳까지 파고들 수밖에 없다.

"이스라엘은 들으십시오. 주님은 우리의 하나님이시오, 주님은 오직 한 분뿐이십니다. 당신들은 마음을 다하고 뜻을 다하고 힘을 다하여, 주 당신들의 하나님을 사랑하십시오. 내가 오늘 당신들에게 명하는 이 말씀을 마음에 새기고, 자녀에게 부지런히 가르치며, 집에 앉아 있을 때나 길을 갈 때나, 누워 있을 때나 일어나 있을 때나, 언제든지 가르치십시오. 또 당신들은 그것을 손에 매어 표로 삼고, 이마에 붙여 기호로 삼으십시오. 집 문설주와 대문에도 써서 붙이십시오." (신 6:4~9)

습관 = 단서 + 반복행동 + 보상

유대인들처럼 어릴 적부터 좋은 습관을 배우지 않았다면 의도적으로 습관을 만들고 고쳐가야 할 것이다. 그러려면 습관이 어떻게 만들어지고 바뀌는지 배울 필요가 있다. 습관을 바꾸려면 습관에 해당하는 행동만 볼 것이 아니라, 습관을 일으키는 단서와 습관을 유지하게 만드는 보상까지 고려해야 한다. 《습관의 힘》이라는 재미난 책을 쓴 찰스 두히그의 이야기를 보자. 그는 매일 오후 세 시가 되면 습관적으로 초콜릿 쿠키를 사먹어서 체중이 늘게 되었는데, 그는 이 습관을 바꾸기 위해 여러 가지 시도를 하다가 습관의 원리를 발견하게 되었다. 즉, 습관이 단서와 반복적 행동, 보상이라는 세 가지로 이루어져 있으며, 흔히 반복적 행동만 습관이라고 하지만 단서와 보상이 없으면 행동은 곧 사라진다는 것이다.

찰스 두히그는 영리하게 습관을 바꾸기로 했다. 나쁜 습관을 끊으려고 하는 대신, 기존의 습관을 새로운 습관으로 바꾸는 것이다. 그는 오후 세 시가 되어도 쿠키를 사먹지 않겠다면서 자신의 습관과 싸우는 대신 오후 세 시가 되면 일부러 짧은 산책을 나갔다. 산책은 쿠키를 사러 나가던 습관만큼이나 기분전환에 도움이 되었고, 쿠키를 먹지 않아도 기분이 상쾌해진다는 것을 깨닫자 그는 더 자주 산책을 나갔고 건강도 훨씬 더 좋아졌다.

우리 가정도 같은 방식으로 몇 가지 습관을 조절했다. 예전에 우리 식구는 저녁을 먹고 나면 으레 소파에 앉아서 텔레비전을 보았다. 소파와 TV는 텔레비전 시청 습관을 자극하는 매개물로 둘 중 하나를 없애지 않는 이상, 무분별하게 텔레비전을 보는 습관을 고칠 수 없었다. 결국 우리 부부는 이사하면서 거실에 TV를 설치하지 않았고, 소파가 있어도 TV가 없으니 아이들은 심심해했다. 그래서 소파 옆에 《조선왕조실록》 만화책과 보드 게임을 두었더니, 세 아들은 자연스럽게 소파에서 TV 대신 책을 보거나 게임을 하면서 놀기 시작했다. 일상에서 TV가 사라지자 자연스럽게 대화가 늘어났고, 특히 《조선왕조실록》에 기록된 사건을 주제로 대화하는 시간이 많아졌다.

이러한 섬세한 습관 설계는 우리 일상에서 자주 볼 수 있다. 학교 앞 도로에는 차들을 천천히 가게 하려고 과속방지턱이 설치되어 있다. 누구도 운전자들에게 속도를 줄이라고 하지 않지만, 운전자들은 과속방지턱이 보이면 스스로 알아서 차의 속도를 줄인다. 우리 선조들도 한옥을 짓고서 댓돌이라 부르는 커다란 돌을 대청마루 아래에 놓고 그 위에서 신발을 신고 벗게 만들었다. 마루가 높아서 밟고 올라가라고 만든 것처럼 보이지만 그것이 전부가 아니었다. 사람들은 방으로 들어가기 전에 댓돌 위에 올라가 발을 모으고 신발을 벗는다. 허겁지겁 방 안으로 뛰어들다가는 댓돌 앞에서 넘어질 수 있어서 사람들은 댓돌 앞에서 먼저 숨을 고르곤 했는데, 선조들이 만들어놓은 한옥의 과속방지턱이다.

습관이 성품을 만들고 성품이 운명을 만든다

세 아들에게 좋은 습관을 심어주려는 노력은 이제 결실을 맺기 시작했다. 얼마 전에는 아이들과 김밥 집에 갔다가 옆 자리에 앉은 가족을 보게 되었다. 아마도 엄마가 집을 비워서 아빠와 두 아들이 함께 저녁을 먹으러 나온 것 같았다. 피곤해 보이는 아빠는 어린 아들 둘에게 김밥을 사주고 스마트폰을 보기 시작했다. 그러자 아이들도 각자 스마트폰을 꺼내서 보기 시작했다. 스마트폰을 코앞까지 바짝 당겨놓고 게임을 하던 아이들은 이내 서로에게 옆으로 가라며 다투기 시작했다. 아이들이 다투는 동안에도 아빠는 여전히 스마트폰 화면만 쳐다보고 있었다. 김밥이 나와도 아이들은 손에서 스마트폰을 내려놓지 않았고, 결국 세 사람은 대화도 없이 김밥을 먹고 나갔다. 초등 1학년 정도로 보이는 아이들이 누구에게서 스마트폰 습관을 배웠을지 묻지 않아도 뻔히 알 수 있었다. 그 가족이 식당을 나가자 현민이가 입을 열었다. "예전에는 어린애들이 스마트폰 가지고 있으면 부러웠는데, 지금은 저런 모습 보면 걱정돼요."

그 말을 들으니, 지난 수년 간 습관에 대한 훈육에 효과가 있다는 생각이 들었다. 이제 아이들은 좋은 습관과 해로운 습관을 구분할 정도의 분별력을 가지기 시작했다. **나는 믿는다. 아이들이 좋은 습관을 많이 가질수록 인생을 쉽게 살아갈 것을. 자신의 해로운 습관과 싸우느라 에너지를 써버리는 아이들과 달리, 좋은 습관을 가진 아이는 자신의 에너지를 목표를 이루는 데 쓸 것이므로 당연히 성공할 가능성이 크다.** 옛 현인은 '의지가 습관을 만들고, 습관이 성품을 만들고, 성품이 운명을 만든다.'고 말했다. 옛 현인의 통찰에 감탄하게 된다.

chapter 03

메타인지 습관으로
자신을 돌아보라

체로키 인디언 할아버지가 손자에게 삶에 대해 가르치고 있었다.
"사람 마음속에는 늘 싸움이 일어난단다. 그것은 너무 끔찍한 싸움이어서 마치 두 마리의 늑대가 싸우는 것과도 같지. 한 놈은 나쁜 늑대인데 이놈은 험담, 거짓말, 교만, 질투, 욕심, 허영심을 대표한단다. 또 다른 늑대는 선한 늑대지. 이놈은 기쁨, 평화, 사랑, 희망, 친절, 겸손, 동정심, 진실, 신뢰를 대표한단다. 이 두 늑대는 늘 싸우는데 이런 싸움은 네 안에서도 일어나고, 모든 사람의 마음에서도 일어나지."

손자는 잠시 동안 그 말을 생각하다가 할아버지에게 물었다.
"할아버지, 그러면 어떤 늑대가 이기나요?"

할아버지는 힘주어 대답했다.

"네가 먹이를 주어 키우는 놈이 이긴단다."

나에게 떠오르는 생각 중 하나를 의식적으로 골라 집중한다는 생각은 중요하다. 나를 보는 나, 생각에 대한 생각을 두고 우리는 '메타인지'라고 부른다. 내가 처음 이 개념을 가르칠 때 과연 현민이가 이해할지 확신이 없었다. 그런데 현민이는 내 설명을 듣자마자, 대뜸 '페르시아 왕자!' 라고 외쳤다. 영화 〈페르시아의 왕자 : 시간의 모래〉에는 왕자가 처음으로 시간의 모래를 발견하는 장면이 나온다. 왕자가 유체이탈 상태에서 시간을 거슬러 뒷걸음질치는 자신의 모습을 보는 장면은 메타인지의 개념을 정확하게 보여준다. **메타인지란, 이처럼 나 자신을 객관적으로 보는 사고방식이다.** 메타인지라는 말에 영어가 들어있어서 서양의 개념처럼 보이지만 그렇지도 않다. 일찍이 공자는 공부하는 문하생들에게 이렇게 가르쳤다. "생각 없이 배우는 것은 헛수고이고, 배움이 없는 생각은 위험하다." 자신이 배우는 것이 무엇인지 살펴보는 별도의 생각이 필요하다는 말이다. 성경에도 메타인지를 활용해서 자신을 돌아보라고 반복해서 주문한다.

사람의 생각은 깊은 물과 같지만, 슬기로운 사람은 그것을 길어 낸다. (잠 20:5)

여러분은 자기가 믿음 안에 있는지를 스스로 시험해 보고, 스스로 검증해 보십시오. 여러분은 예수 그리스도께서 여러분 안에 계시다는 것을 알지 못합니까? 모른다면, 여러분은 실격자입니다. (고후 13:5)

메타인지도 습관이다

우리 가정은 여러 가지 습관 중에서도 특히 메타인지 습관을 강조한다. 계속해서 자신을 돌아보고 조절하는 메타인지 능력이 있어야만 목표를 달성하고 만족스러운 삶을 살기 때문이다. 산속을 걷는 사람을 상상해보자. 제아무리 튼튼한 다리를 가지고 있더라도, 주기적으로 가던 길을 멈추고 지도와 나침반으로 자기 위치를 확인하지 않는 사람은 산에서 길을 잃게 된다. 다른 능력이 탁월하더라도 메타인지가 부족하면 고생하게 된다. 오히려 다른 능력이 탁월해서 더 고생할 수도 있다. 비유해보자. 시속 700km로 날아가는 항공기는 몇 분만 방향을 잘못 잡으면 경로에서 수십 킬로미터나 떨어진 곳으로 날아가게 된다. 그래서 여객기 조종사는 날아가는 내내 자기 위치를 확인하고 조종하는데, 그렇게 하지 않으면 사고가 나고 만다. 그래서 우리 자녀에게도 자신을 돌아보고 방향을 다시 잡는 습관을 심어줄 필요가 있다.

감정을 조절하는 메타인지

우리 부부는 갖가지 상황에서 세 아들의 메타인지를 키워주려고 노력한다. 가끔은 다투는 아이들을 떼어놓으면 아이들이 분을 풀지 못해 투덜거리는 모습을 본다. 그때 우리 부부는 아이에게 이렇게 말하면서 메타인지를 통해 감정을 조절하도록 가르친다.

"지금 기분이 많이 언짢지? 그런데도 소리 지르거나 마구 화내지 않는 모습이 참 멋지구나. 지금 너는 화내고픈 마음과 싸우고 있는 거야. 지금 정말 잘 싸우고 있어. 조금만 있으면 네가 이길 것 같아. 어때 마음이 많이 차분해지지. 나랑 같이 10에서 0까지 거꾸로 세어볼까? 숫자를 하나씩 셀 때마다 화나는 마음도 점점 작아져서 결국 숫자처럼 0이 되고 말 거야."

이런 방법에 아이의 기분이 가라앉겠느냐고 생각할 수도 있지만 실제로 효과가 있고 자녀가 어릴수록 더 잘 통한다. 10세가 넘어간 아이들에게 처음으로 이 방법을 사용하면 오히려 반발을 살 가능성이 큰데, 아이들이 자의식이 이미 많이 자라서 쉽게 유도되지 않기 때문이다.

지난해 가을, 둘째 해민이가 아침부터 셋째 지민이에게 엄청 화가 났다. 나이가 10세가 넘어가니 이제는 10부터 세어서는 아이 마음을 차분하게 만들 수가 없었다. 그래서 아들에게 책을 읽어주겠다고 제안했다. 물론 해민이는 들을 생각이 없었지만 나는 소리 내어 책을 읽기 시작했다.

'…에실구연 가어들 께넘나하 요어했도기…(연구실에 들어가 하나님께 기도했어요)'

낯선 말이 들리자 해민이는 반사적으로 귀를 기울여 들었고, 한 단어씩 읽되 글자를 거꾸로 읽었다고 말해주니 해민이는 급 관심을 보였다. 조금 전까지 짜증내던 상황을 잊어버리고 급조된 외국어를 해석하느라 여념이 없었다. 아이의 불만 어린 태도를 교정할 수도 있지만 그런 기분이 사라지도록 3분만 다른 생각을 유도해주는 것도 좋다. 이처럼 감정을 다스리는 방법을 경험한 아들은 이제 자신의 감정을 다스리는 메타인지의 습관을 종종 보인다. 어느 날인가는 현민이가 동생들에게 느끼는 분노를 삭이며 시조를 썼다.

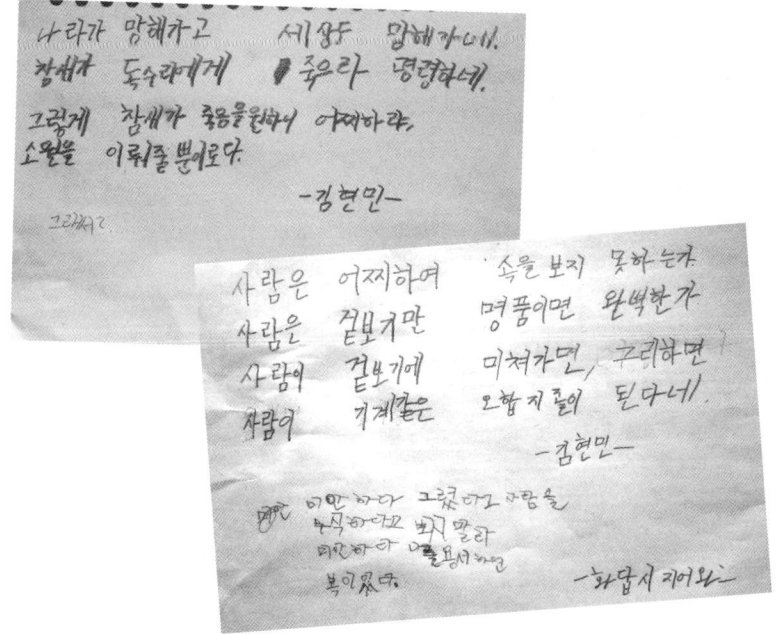

동생에게 소리지르며 화내는 대신, 시조를 통해 분노를 표현하고 화답시를 써오라는 것을 보고 우리 부부는 깜짝 놀랐다. 분노의 감정을 다스리고 시조의 형식을 지켜 마음을 정리하는 모습이라니. 현민이에게 어떤 생각이 들었냐고 물어보았더니, 흥미로운 대답을 했다. "시를 쓰기만 해도 마음이 많이 차분해지던데요." 부모의 생각보다 자녀의 적응력은 대단하다. 메타인지 습관을 가르치면 자녀는 거친 감정도 조절할 수 있다.

공부를 도와주는 메타인지

공부할 때에도 메타인지는 중요하다. 가끔 이런 부모를 만난다. "우리 아이는 수학 연산을 잘하는데 자주 실수해서 틀려요." 아이들이 수학문제를 푸는 것은 인지활동이다. 그런데 자신이 성급하게 계산하다가 실수하지는 않는지 확인하는 것은 메타인지다. 만약 어느 학생이 "나는 계산이 빠르고 정확하지만 개념을 정확히 알지 못해서 수학 점수가 낮아."라고 말한다면, 그 학생의 수학실력은 약해도 메타인지는 강하다고 할 수 있다. 메타인지가 강한 학생은 서서히 그러나 분명히 실력이 성장한다. 그래서 우리 부부는 세 아들이 공부하는 내용을 한 번에 이해하지 못하는 것을 두고 뭐라 하지 않는다. 하지만 아들에게 아는 것과 모르는 것을 정확히 구분하라고 주문하는데 그래야 시간이 흐를수록 더 나아질 것이기 때문이다. 가장 좋은 방법은 아들에게 공부한 내용을 직접 말해보라고 요구하는 것이다. 혼자 공부할 때는 다 아는 것 같다가도 막상 말로 설명하려고 하면 모르는 부분이 있다는 것을 깨닫게 된다. 그래서 아이는 두 번째 공부에서 내용을 정확하게 이해하게 된다.

생각할 주제가 있어야 하기 때문에, 메타인지 습관은 선행학습이 아닌 복습을 통해서 자란다. 선행학습은 여러모로 좋지 않은 공부방법 중 하나로 선행학습을 하면 학생들은 내용을 모르면서도 안다고 착각한다. 그리고 수업시간이 되면 이미 아는 내용을 배운다는 생각에 흥미를 잃기도 한다. 결국 제대로 아는 것도 없이 진도를 나가다 보니 아이는 공부에 흥미를 잃게 된다. 이런 까닭에 우리 가정은 아이들에게 선행학습을 시키지 않는다. 그렇게 해도 이제껏 아무런 문제도 생기지 않았고, 오히려 천천히 혼자서 공부하게 했더니 점점 진도가 빨라져서 어떤 과목은 한 학기 이상 진도를 앞서가고 있다 수업과 복습이 너무도 당연한 공부 방법인데도, 요즘 세상은 자녀가 선행학습을 하지 않는다면 큰 문제가 있는 것처럼 여긴다. 학원의 상술이 만들어낸 거품이 빠지면 사실 지금 같은 선행학습 열풍은 사라질 텐데……. 메타인지 습관을 희생시키면서까지 학생들을 선행학습에 내모는 모습을 보면 안타까움을 느낀다.

실수를 줄여주는 메타인지

일상에서 실수를 줄이기 위해서도 메타인지는 중요하다. 아들 셋을 키우다 보니 사고도 많다. 명절을 맞아 친척이 모이기라도 하면 세 아들은 엄청 흥분하는데 그런 때면 꼭 사고가 터진다. 그래서 아이들에게 어떤 일을 시작할 때와 마무리할 때 정신 차리라고 가르친다. 한번은 가족행사를 앞두고 세 아들에게 2002년 월드컵 3, 4위전을 보여주었더니 세 아들은 마치 화면 속으로 빨려들 것처럼 집중했다. 한국팀이 경기 시작 11초 만에 첫 골을 내주자, 세 아들은 아이들 말로 '멘탈붕괴'에 빠졌다. 월드컵 역사상 최단시간 골 기록이라고 알려주니 어떻게 한국팀이 11초만에 골을 먹을 수 있냐며 더욱 괴로워했다. 축구경기에서 가장 골이 많이 나오는 시간대는 경기시작 직후와 경기종료 직전인데 미처 의식이 깨어있지 못한 상태에서 방심하다가 문제가 터지는 것이다. 일상에서도 나는 세 아들에게 아침 일어나는 시간과 저녁 잠들기 전 시간에 주의하라고 가르친다. 다음은 세 아들에게 들려준 일본 나무타기 달인의 이야기다.

"일본 나무타기 달인 이야기를 해줄게. 소문을 들은 기자가 달인을 찾아왔을 때 마침 그는 제자를 훈련시키고 있었지. 제자가 나무에 처음 오르기 시작하자, 달인은 큰 소리로 나무 위에 있는 제자에게 정신 차리라며 호통쳤어. 하지만 막상 제자가 높이 올라가자 아무 말도 하지 않았어. 얼마 후 제자가 나무를 타고 내려와 땅에 가까워지자, 달인은 또다시 소리치기 시작했어. 기자가 달인에게 그 이유를 묻자, 달인은 나무 높은 곳에 오르면 스승이 호통치지 않아도 제자가 긴장하기 마련이라고 말했어. 반면, 사고는 늘 방심하기 쉬운 낮은 곳에 일어나니까 스승은 제자가 방심하지 않도록 소리치는 것이라고 했지. 과연 나무타기 달인답지?"

그날 이후, 우리 가정에서는 '아침나무, 저녁나무'라는 암호가 만들어졌다. 아침에 아이들을 깨우고 나서 나는 세 아들에게 주문한다. "아침나무에서 떨어지지 말자." 세 아들은 아침에 일어나면 종종 침대 끄트머리에 앉아 멍하니 시간을 보내곤 하는데 그 시간이 어떨 때는 15분이 넘어가기도 한다. 그렇게 아침 시간을 흘려보내면 세 아들은 자신이 정한 일정에도 쫓긴다. 세 아들이 아침나무에서 떨어지지 않게 하려고 나는 저녁나무에도 신경을 쓴다. 즐겁고 활기찬 아침, 낭비 없는 아침은 전날 밤에 만들어진다. 나는 잠들기 전에 세 아들에게 두 가지 질문을 한다. "내일 아침 몇 시에 일어날 거야? 아침에 일어나면 뭘 먼저 할 거야?" 그러면 아이들은 다음날 아침에 입을 운동복과 양말을 미리 꺼내 놓는다. 이렇게 전날 밤에 3분만 투자하면 다음날 세 아들은 아침나무에서 떨어지지 않고 하루를 시작한다.

아프리카의 사슴 스프링벅스는 껑충껑충 뛰는 모습이 인상적이다. 맹수가 다가온 것도 아닌데 무리가 느닷없이 뛰다가 갑자기 멈추는 것으로 유명하다. 무리가 천천히 이동 중에 풀을 먹기 위해 한두 마리가 앞서나가는 것이 신호가 되어, 무리 전체가 경쟁적으로 뛰기 시작하는 것이라고 한다. 우리 자녀들에게 메타인지를 가르치지 않으면, 아이들도 스프링벅스처럼 이유도 모른 채 뛰어다니게 될 것이다. 자신을 성찰하고 주변을 둘러보도록 훈련받지 않은 아이들은 곁눈질을 하지 못하게 눈을 가린 경주마와 비슷하다. 앞으로는 잘 뛸 수 있어도 일단 방향을 잃으면 스스로 길을 찾지는 못할 것이다. **부모가 평생토록 자녀의 앞에서 방향을 잡아줄 것이 아니라면 서둘러 자녀가 스스로 삶의 나침반을 보고 방향을 찾는 법을 가르쳐야 한다.** 계획에 실패하면 실패를 계획하는 것이라고 했다. 자녀에게 재산을 10억 물려주면 10년간 안심할 것이고, 자녀에게 자기 삶을 계획할 수 있는 메타인지 능력을 키워주면 평생 안심할 것이다.

chapter 04

몰입으로 행복과 실력향상, 두 마리 토끼를 잡다

내가 국민학교에 입학하고서 얼마 되지 않아 선생님이 학생들에게 앞으로 나와서 칠판에 코끼리를 그려볼 사람이 있느냐고 물으셨다. 어릴 적부터 그림 그리기를 좋아했던 나는 도전해보고 싶었지만 감히 나서지를 못했다. 수줍음이 많고 자신감이 적어서 남들 앞에 나서서 내 의견을 내는 것을 두려워했다. 그런데 놀랍게도 선생님은 내 마음을 어떻게 아셨는지 나를 가리키셨고, 나는 콩닥콩닥 뛰는 가슴을 느끼면서 자리에서 일어섰다. 그런데 더 놀라운 일이 벌어졌다. 일어나면서 보니 나도 모르게 내가 손을 들고 있었다.

'앗, 내가 손을 들고 있었네! 그런데 어떻게 내가 모를 수가 있지?'

정말 신기한 경험이었다. 그림을 그리고 싶은 마음이 너무도 강해서 무의식이 작동하여 손을 들었던 것이다. 이후로도 비슷한 경험을 여러 차례 했는데, 놀이터에서 시간가는 줄 모르고 놀거나, 위인전을 읽느라 끼니때를 놓치는 경험 같은 것 말이다. 남학생들 중에 축구하느라 숙제를 잊고 밥을 잊어본 경험이 없는 아이가 어디 있겠나. 모든 아이가 어릴 적에 이런 행복한 경험을 하면서 자란다.

몰입이 주는 행복

전문가들은 이러한 상태를 '몰입'이라고 부른다. 자신이 하고 있는 일에 몰두하여 급기야 자기 자신을 의식하지 못하는 심리상태를 말하는 것이다. 몰입의 상태에 이르면 모든 행동이 너무도 부드럽고 자연스러워져서 마치 물이 흐르는 것과 같다. 그래서 몰입에 해당하는 영어는, '(물 흐르듯) 흐른다'는 의미의 Flow(플로우)다. 영어를 쓰니 어려워 보이지만, 우리는 이에 해당하는 우리 말을 잘 알고 있다. 바로 무아지경! 내가 없어지는 순간이라니 참으로 운치 있는 말이 아닌가. 성경에는 자신의 한계를 잊어버리고 평소라면 할 수 없는 일을 거뜬히 감당하는 영적 영웅들이 종종 등장한다. 물론 영웅들의 영적인 상태는 하나님의 영이 함께하셨기 때문에 가능한 일이었다. 당연히 남학생들이 축구를 할 때 느끼는 몰입과는 차원이 다르다. 무언가에 사로잡힌 듯한 심리상태가 만들어내는 기적 같은 변화가 궁금하다면 아래 성경을 보자.

주님의 영이 기드온을 사로잡으니, 기드온은 나팔을 불어 아비에셀 족을 모아 자기를 따르게 하고, 전령들을 온 므낫세 지파에 보내어 그들도 자기를 따르게 하였으며, 아셀 지파와 스불론 지파와 납달리 지파에도 전령들을 보내니, 그들도 그와 합세하려고 올라왔다. (사 6:34~35)

그때에 주님의 영이 삼손에게 세차게 내리 덮쳤으므로 손에 아무것도 가진 것 없이, 그 사자를 염소 새끼 찢듯이 찢어 죽였다. 그러나 그는 이 일을 부모에게 말하지 않았다. (사 14:6)

그러면 그대에게도 주님의 영이 강하게 내리어, 그들과 함께 춤을 추고 소리를 지르면서 예언을 할 것이며, 그대는 전혀 딴 사람으로 변할 것입니다. 이런 일들이 그대에게 나타나거든, 하나님이 함께 계시는 증거이니, 하나님이 인도하시는 대로 따라 하십시오. (삼상 10:6~7)

몰입에 이르면 사람들은 시간의 흐름을 잊고, 심지어 배고픔이나 추위도 느끼지 못한다. 재미난 영화를 보고 나서 '어! 벌써 2시간이나 흐른 거야?'하고 놀란 경험이 누구에게나 한 번쯤 있을 텐데 그것이 바로 몰입의 상태다. 몰입에 이르면 행복한 감정이 느껴지고 다시 한 번 그 상태를 희망하게 된다. 그래서 아이들은 그렇게 놀고 또 놀겠다고 하는 것이다. 땀을 뻘뻘 흘리면서 뛰노는 아이들의 얼굴을 보라. 바로 그게 행복한 표정이다. 몰입의 습관은 단지 행복만 주는 것이 아니다. 몰입에는 행복 이상의 의미가 있다.

몰입은 실력을 키운다

몰입의 습관이 생기면 무슨 일을 하건 실력이 늘기 때문에 자녀교육에서 몰입의 습관을 길러주는 것은 매우 중요하다. 사람들은 쉽고 시시한 과제를 받으면 곧 흥미를 잃는다. 자고로 실력보다 약간 어려운 과제를 상대해야 재미가 느껴지는 법. 그렇다고 과제가 너무 어려우면 포기하게 되므로 간신히 완성할 수 있는 수준의 과제가 몰입의 촉진제다. 그런데 그런 과제라도 여러 차례 반복하면 실력이 늘어서 더 이상 흥미롭지 않게 된다. 그러면 사람들은 조금 더 어려운 과제를 찾아서 이동한다. 이 과정을 두고 우리는 이렇게 말한다. '실력이 쑥쑥 자라네!'

현민이의 예를 보자. 이제 현민이는 종이 접는 회수가 무려 100차례 넘는 작품도 가볍게 외워서 만들 수 있고, 얼마 전부터는 종이 접기 순서가 전혀 없는 전개도만 보고서도 접는 수준에 이르렀다. 그러더니, 어느 날부터인가 자신의 작품을 만들기 시작했다. 창작품의 경우, 미리 만들어진 전개도가 없기 때문에 현민이가 손으로 전개도를 그려야 하는데, 그게 여간 공이 드는 일이 아니다. 귀찮아도 창작품을 다시 만들려면 반드시 전개도를 만들어야 한다.

현민이가 종이접기로 만든 작품

몇 번 손으로 전개도를 그리더니 현민이가 내게 디자인 프로그램인 일러스트레이터를 배우고 싶다고 말했다. 아내가 인터넷을 검색해서 30일 무료 시험판을 구해주자 용기를 얻은 현민이는 친구 유빈에게 부탁해서 현직 디자이너인 유빈이 아버지로부터 일러스트레이터의 기본 사용법을 배웠다. 아들 친구의 당돌한 부탁을 흔쾌히 받아주신 유빈이 아버지의 호의 덕분에 이제 현민이는 디자인 프로그램으로 간단한 전개도를 그리는 수준에 이르렀다. 이처럼 몰입의 습관은 실력을 키워준다.

몰입의 경험을 통해 실력이 자라는 경험을 맛본 자녀는 이제 다른 영역에도 도전한다. 종이접기에서 디자인 프로그램으로 관심이 넓어진 현민이가 요즘 새롭게 배우는 것이 스케치다. 좀 더 사실적인 캐릭터를 접기 위해서는 인체 스케치가 필요하다고 판단한 현민이가 먼저 제안해왔다. 그림에는 전혀 관심이 없던 현민이가 스케치를 시작하더니 종이접기 실력도 한층 더 자라났다. 그림을 그리거나 종이를 접는 현민이를 보고 있노라면, 현민이 머리 속 회로가 새롭게 만들어지고 있다는 것을 느낄 수 있다.

모든 청소년이 이런 행복한 경험을 하는 것은 아니다. 사실 대부분의 청소년은 자라나면서 몰입의 행복한 경험을 잊고, 남이 만들어 놓은 틀 안에 살면서 서서히 몰입의 습관과 능력을 거세당한다. 극단적으로 말하는 것이 아니다. 곰곰이 생각해보자. 과연 우리는 어린아이들이 땀 흘리며 뛰놀 때 볼 수 있었던 행복을 언제 마지막으로 보았는가? 시간 가는 줄도 모르고 책을 읽고, 산에 오르고, 악기를 연주하고, 그림을 그린 적이 언제였나? 대부분의 어른은 무언가에 행복하게 빠져드는 경험을 잊고 산다. 삶은 원래 그렇게 지루한 것이라고 스스로 위로하면서 말이다. 이제는 정교하게 만들어진 영화를 볼 때라야 비로소 두어 시간 몰입을 경험할 수 있다. 이처럼 수동적인 몰입에 익숙해지면 자발적이고 능동적인 몰입은 더욱 어려워진다. 두 시간 동안 영화는 보더라도 책은 볼 수 없는 현실이 참으로 슬프다. 우리의 삶은 이렇게 현대 사회의 가공된 경험에 길들여지고 있다.

몰입의 경험이 사라진 슬픈 자리에는 멀티태스킹의 환상이 자리를 꿰차고 들어앉는다. 요즘 현대인에게는 한 가지에 몰두하는 몰입의 습관 대신, 동시에 여러 가지를 하는 멀티태스킹의 습관이 더 익숙하다. 밥을 먹으면서 스마트폰을 보고, 운전을 하면서 라디오를 듣는 게 전혀 이상하지 않다. 가끔은 운전 중에 스마트폰을 보는 위험한 행동도 한다. 그러면서 자신은 동시에 여러 가지 일을 할 수 있으니 스마트하다고 착각하는 사람들이 있다. 나는 컴퓨터를 전공한 사람으로서 단호하게 말하는데, 멀티태스킹은 환상이다. 멀티태스킹이 컴퓨터 용어이지만 컴퓨터도 사실은 멀티태스킹을 하지 못한다. 단지 시간을 작게 쪼개서 여러 가지 태스크 사이를 오락가락 스위칭할 뿐이며 이러한 태스크 스위칭이 워낙 빨리 진행되니 멀티태스킹처럼 보이는 것이다. 그런데 사람은 기계가 아니라서 태스크 스위칭을 하면, 되레 집중력이 분산되어 일의 효율이 떨어진다. 한시도 가만히 있지 못하고, 한 가지 일에 집중하지 못하고 찔끔찔끔 이것저것을 해대는 현대인들의 모습은 멀티태스킹보다 ADHD(주의력결핍 과다행동장애)에 더 가깝다.

몰입 습관, 키울 수 있다

지금이라도 늦지 않다. 우리 자녀에게 몰입의 습관을 길러주어 행복하면서 동시에 실력도 자라는 경험을 줄 수 있다. 다음 몇 가지 방법을 실천하면 가능성이 있다.

첫째, 자녀가 무언가를 하고 있을 때를 방해하지 말자. 그것이 공부건 놀이건 상관없다. 흔히 부모들은 자녀가 공부하면 방해하지 않지만, 자녀가 놀고 있으면 방해하고 싶어진다. 유혹에 무너지면 안 된다. 자녀의 두뇌는 공부와 놀이를 구분하지 않는다. 두뇌의 처지에서 보면 무엇이건 재미나면 놀이다. 공부도 재미나면 놀이가 된다는 말이다. 그러니 제발 자녀의 놀이를 방해하지 말자. 방해받지 않고 놀면서 얻은 몰입의 습관이 있어야 공부도 줄기차게 할 수 있다. 시간표대로 과목을 바꾸는 것도 나는 그다지 권하지 않는다. 재미를 느끼면 진도를 넘어서도 공부하고, 재미가 없으면 조금 일찍 공부를 끝낸다. 안타깝게도 우리의 학교는 이런 개인 차이를 인정하지 않으므로 부모가 자녀의 특성을 고려하여 몰입의 습관을 보호해줄 필요가 있다.

해민이가 초등 4학년 나이가 된 2015년부터 갑자기 수학에 관심을 보였다. 어느 날 원주율 값을 써놓고 외우기 시작했다. 3.141592… 도대체 저걸 어디에 써먹나 싶었지만, 외우는 것을 방해하지 않았다. 그랬더니 무려 30자리까지 정확히 외웠다. 그러더니 이번에는 루트 2의 값을 외우기 시작했다. 말리지 않고 지켜보았다. 수에 대한 해민이의 관심은 〈수학자가 들려주는 수학 이야기〉 시리즈와 맞물리더니, 빠르게 실력이 성장했다. 유리수와 무리수를 넘어서더니 곧 극한, 허수와 복소수까지 책을 사다 읽었다. 중학생이 된 형과 함께 수학 수업에 가겠다고 따라 나선 후에야 비로소 자신의 실력이 부족함을 인정하고 속도를 줄이기 시작했다. 초등 4년생 해민이의 수학 능력은 여전히 얄팍하지만 적어도 수를 가지고 노는 일이 재미있다는 경험을 한 이상, 언제라도 수학에 다시 몰입할 수 있을 것이다. 만약 우리가 해민이에게 "쓸 데 없는 것을 외워서 무엇에 쓰려고 하니?"라고 말했다면 과연 지금에 이를 수 있었을까? 아마도 아닐 것이다. 자녀에게 이런 몰입이 일어나기 원한다면, 부모가 자녀의 일정을 느슨하게 짜길 권한다. 부모가 스케줄을 이유 삼아 아이들의 몰입을 방해하지 말아야 한다. 부모의 욕심 때문에 자녀가 하루에도 몇 개의 학원을 옮겨다니면서 공부하고 있다면, 머지않아 자녀의 몰입 습관과 집중력은 싹이 잘려나갈 것이다. 평생 공부할 아이를 마치 올해까지만 공부시킬 것처럼 내몰지 말자.

둘째, 자녀가 몰입을 시작하면 요란하게 칭찬하고 격려하자. 몰입이 습관으로 자리 잡을 때까지 적극적으로 지원해주자. 공부에 몰입하지 않는다고 조바심을 낼 필요는 없다. 과학자, 시인, 기업체 임원 등 누구라도 붙잡고 물어보라. 초등학교 시절에 전자기학, 유전법칙, 윤동주의 서시, 재무제표 읽는 법을 배운 적이 있는지. 전혀 없다. 다들 딱지에 그려진 캐릭터 이름을 외우면서 자랐다. 인생에서 성공했다는 사람들 대부분은 좋아하는 것을 잘할 때까지 열심히 하는 습관을 가진 다음에 종목을 바꾸어 전문가가 되었다. 그러니 먼저 몰입의 습관을 잡아주려고 노력하자. 어떤 아이들은 레고로 우주선을 만들고, 어떤 아이들은 지하철역 이름을 일일이 다 외운다. 또 만화를 베껴 그리는 아이가 있는가 하면, 해가 지도록 축구공으로 드리블을 연습하는 아이도 있다. 우리의 자녀가 무언가를 한 시간 이상 집중해서 한다면 그것만으로도 아이를 칭찬해줄 만하다. 주의할 것은 아이가 능동적으로 의식을 집중해서 활동한 것에만 칭찬하는 것이다. 스마트폰 게임처럼 화면에서 무언가가 계속 쏟아지기 때문에 그것을 피하거나 맞추기 위해 계속해서 버튼을 눌러대는 동작은 능동적 몰입이 아니다. 수동적 몰입은 말리는 게 좋다. 그런 몰입의 경험이 쌓이면 능동적 몰입이 점점 힘들어진다.

 어떤가, 혹시 그동안 자녀가 무언가 집중하고 있는데 그것이 공부가 아니라는 이유로 방해하지는 않았나? 그렇다면 이제부터는 다르게 행동해보자. 아이들이 몰입의 습관을 통해 행복해지는 경험을 하도록 유도해보자. 행복과 함께 실력향상이라는 두 마리 토끼를 한꺼번에 잡게 될 것이다.

chapter 05

하고 싶은 것을 계속하기 위해 절제를 가르치다

아이들이 좋아하는 애니메이션 중에 〈카(Cars)〉의 첫 장면. 빨간색 경주자동차 '라이트닝 맥퀸'은 트랙을 질주한다. 맥퀸은 간간히 기름을 채우지만, 타이어 바꾸는 시간을 아껴서 우승하고 싶기 때문에 동료들의 조언을 무시하고 타이어를 바꾸지 않는다. 결국 마지막 한 바퀴를 남겨두고 맥퀸의 타이어가 터지고 만다. 기다시피하여 간신히 결승점에 도달하지만 맥퀸은 원하던 대로 우승을 하지는 못한다.

이 장면은 절제의 의미를 정확하게 가르쳐준다. 우리 가정에서 말하는 절제란, 하고 싶은 일을 미루고 해야 하는 일을 먼저 하는 것이라고 앞에서 말했다. 맥퀸의 경우, 계속 달리고 싶은 욕심을 참고, 먼저 타이어를 바꾸는 것이 절제에 해당한다. 맥퀸이 절제해야 하는 이유는 명확하다. 계속 달려서 우승하기 위해서다. 흔히 절제라고 하면 원하는 것을 하지 않는 것, 하지 못하게 하는 것이라고 생각하지만 우리 세 아들은 다르게 배운다. 절제란 하고 싶은 일을 계속하기 위해 먼저 할 일을 해두는 것을 말한다.

우리 자녀들이 접하는 대중문화는 '짧은 인생, 하고픈 것은 다 해보고 가야지'라고 말한다. 그러다 보니, 10억을 벌 수 있다면 1년간 감옥에 갈 의향이 있냐는 질문에 응답자 고등학생의 47%가 그렇다고 답하는 상황에 이르렀다. 이런 분위기에서 절제의 성품을 강조하면, 고리타분하고 보수적인 사람으로 여겨지기 쉽다. 부모가 어줍잖게 절제를 가르치면 자녀들은 이렇게 말한다. "아빠 싫어. 아빠는 뭐든지 하지 말래!"

절제력이 있어야 성공적이고 만족스러운 삶을 산다는 사실은 마시멜로 실험 등을 통해 이미 알려진 바다. 부모는 하루라도 빨리 절제를 가르치고 싶지만, 그때마다 자녀는 '하고픈 것을 못하게 만드는' 부모를 원망한다. 게다가 TV 프로그램에 나오는 아빠들은 또 얼마나 자녀에게 자상한지. 〈아빠 어디 가〉, 〈슈퍼맨이 돌아왔다〉는 삶의 무게에 찌든 아빠들에게 또 하나의 짐을 지운다. 친구 같은 아빠가 되라는 것이다. 하지만 그게 어디 쉬운가? 이런 사정을 모르는 자녀는 아빠에게 훈수를 둔다. "아빠도 TV 좀 보고 배워요."

하지만 자녀가 원하는 것을 부모가 모두 해줄 수도 없고, 그래서도 안 된다. 그랬다가는 자녀가 절제력을 키울 수가 없다. 절제의 습관이 없는 청소년은 즉흥적이고 충동적으로 자라서 결국 자신에게 해로운 결정을 하기도 한다. 에서가 바로 그런 아들이었다.

한 번은, 야곱이 죽을 끓이고 있는데, 에서가 허기진 채 들에서 돌아와서, 야곱에게 말하였다. "그 붉은 죽을 좀 빨리 먹자. 배가 고파 죽겠다." 에서가 '붉은' 죽을 먹고 싶어 하였다고 해서, 에서를 에돔이라고도 한다. 야곱이 대답하였다. "형은 먼저, 형이 가진 맏아들의 권리를 나에게 파시오." 에서가 말하였다. "이것 봐라, 나는 지금 죽을 지경이다. 지금 나에게 맏아들의 권리가 뭐 그리 대단한 거냐?" 야곱이 말하였다. "나에게 맹세부터 하시오." 그러자 에서가 야곱에게 맏아들의 권리를 판다고 맹세하였다. 야곱이 빵과 팥죽 얼마를 에서에게 주니, 에서가 먹고 마시고, 일어나서 나갔다. 에서는 이와 같이 맏아들의 권리를 가볍게 여겼다. (창 25:29~34)

이삭의 아들이자 아브라함의 손자인 에서는 쌍둥이 동생 야곱과 달리 사냥을 좋아하고 즉흥적이었다. 어느 날, 사냥에서 돌아온 에서는 야곱이 끓이는 팥죽 냄새에 끌려 동생에게 냉큼 장자권을 팔았다. 팥죽 한 그릇으로 장자권을 사겠다는 동생의 욕심도 문제지만, 그런 값싼 제안을 덥석 받아들인 것은 에서가 절제할 줄 몰랐기 때문이다.

절제습관을 키우는 방법

우리의 자녀가 에서와 같은 실수를 하지 않으려면 평소에 절제하는 습관을 배워야 한다. 어렵다고? 물론이다. 불가능하다고? 그렇지 않다. 사람은 누구라도 필요하다고 판단하면 자신의 행동을 절제할 수 있다. 이른바 '1천만 원 실험'으로 설명해보자. 누군가 당신에게 아무런 조건 없이 돈을 준다고 가정하자. 당신은 두 가지 방법 중 하나를 선택하여 돈을 받으면 된다. 첫째, 지금 당장 1천만 원을 받던가, 둘째, 한 달 후에 1천1백만 원을 받는 것이다. 어른들을 상대로 이 질문을 하면 절반 이상이 지금 당장 1천만 원을 받겠다고 한다. 한 달을 기다려 100만원을 더 받을 수도 있지만, 당장 손에 들어오는 현금에 구미가 당기기 때문이다.

하지만 그들에게 새로운 조건 중에서 하나를 고르라고 하면 그 결과가 크게 바뀐다. 첫째, 1년 후에 1천만 원을 받던가, 둘째, 1년 1개월 후에 1천1백만 원을 받는 것이다. 이 경우, 사람들은 대부분 1년 1개월 후에 1천1백만 원을 받겠다고 한다. 갑자기 절제력이 생겨서 한 달 더 기다렸다가 100만원을 더 받을 마음이 생긴 것이 아니다. 질문 안에 그 원인이 있다. 첫 번째 질문을 받은 사람들은 '바로 지금(right now)'이라는 틀에서 생각하게 된다. 그러면 십중팔구 만족감이 큰 선택을 한다. 반면, 두 번째 질문을 받은 사람들은 '미래에(in the future)'라는 틀에서 생각하게 되는데, 그들은 대부분 가치가 큰 것을 선택을 한다. 이 실험에서 알 수 있듯이 대단한 절제력을 가진 사람이 아니더라도 미래를 생각하면 조금 더 가치 있는 선택을 하게 된다. 절제는 별다른 능력이 아니라, 생각해보니 더 좋다고 여겨지는 것을 고르는 힘을 말한다.

우리 가정은 종종 세 아들에게 미래 관점에서 생각하도록 도와준다. "지금 이렇게 놀다가 주말이 되어서도 숙제를 다 하지 못해 혼자 집에 남아서 숙제를 해야 한다면 기분이 어떨까?"라는 식으로 말이다. 고민 끝에 절제를 선택한 아들은 인내심을 가지고 숙제를 한다. 강압적으로 숙제를 하라고 부모가 지시할 때보다 설득시간은 좀 더 걸리지만 효과는 좋다.

둘째 아들 해민이는 세뱃돈을 받으면 엄마에게 맡긴다. 엄마가 강제로 빼앗기 때문이 아니라 6학년이 되면 세뱃돈을 두 배로 돌려주겠다는 말을 들은 해민이가 기쁜 마음으로 세뱃돈을 맡기는 것이다.

아이들이 생각하는 미래란 길어봐야 일주일 정도다. 그 이후의 삶에 대해서는 거의 생각을 하지 않다 보니, 미래 관점을 심어주는 것 자체가 숙제가 되기도 한다. 미래 관점을 심어주기 위해 우리 가정은 역사 공부를 중요하게 여긴다. 역사는 과거의 일을 기록한 것이지만, 역사 공부를 잘하면 미래를 멀리 보는 능력이 자란다. 역사는 반복되기 마련이므로 과거를 공부한 사람이 미래도 생각할 수 있다.

세 아들은 항상 거실에 《조선왕조실록》,《삼국지》,《성경2.0》을 가져다놓고 수시로 읽는다. 모두가 만화책이니, 심심풀이 삼아서 자주 읽는다. 수차례 반복해서 읽으니, 조선, 중국, 이스라엘의 역사

지식이 늘어나고 갖가지 일화도 구체적으로 기억할 수 있게 되었다. 역사에 대한 이해가 늘어나자, 과거 인물의 삶에서 교훈을 얻고 일상에 대입하기 시작했다. 예를 들어, 현민이는 임진왜란 시기에 백성을 남겨둔 채 평양으로 도망간 선조 임금의 이야기를 읽고서 학생들을 버리고 도망간 세월호 선장을 떠올렸다. 우리 부부는 냉큼 그 생각을 이어받아서 임금이란 백성을 소중히 여겨야 한다고 이야기하면서, 귀찮더라도 고슴도치에게 먹이주기를 게을리 하지 말라고 당부했다. 이런 대화가 반복되면서 세 아들은 역사를 더 이상 과거 사건의 기록으로만 보지 않는다. 그리고 역사를 이해할수록 미래를 상상하는 능력도 커진다.

절제의 습관을 기르기 위해 우리 부부는 세 아들에게 정리하는 습관을 가르친다. 하고 싶은 일과 해야 하는 일 사이의 우선순위란 청소년에게 무척이나 어려운 개념이다. 눈에 보이지 않는 미래에 대한 이야기이기 때문이다. 그래서 먼저 눈에 보이는 물건을 정리하는 습관을 키워주려고 노력했다. 처음에는 세 아들이 장난감이나 책을 정리하는 것도 어려워했다. 뱀 허물 벗듯이 여기저기 옷을 갈아입던 세 아들이 자기 물건을 정리하기까지 수 년의 시간이 걸렸다.

수시로 물건을 정리하라고 주문하면 잔소리가 되는 까닭에 나는 세 아들에게 물건을 정리하는 시간을 알려주었다. 일을 시작할 때와 마칠 때 이 습관을 심어주기 위해 나는 '시작 전에 정리, 끝나고 정리'라는 짧은 암호를 만들었다. 이것은 일종의 주문이고 자기암시다. 내가 '시작 전에 정리'라고 선창하면 세 아들은 '끝나고 정리'라고 이어 부른다. 매주 단위에서는 토요일이 정리하는 날이다. 주말을 맞아 정리하고 청소하면서 안식일을 기념하는 과정은 반복되는 일상에 매듭을 만들어준다.

> 경기장에서 달리기하는 사람들이 모두 달리지만, 상을 받는 사람은 하나뿐이라는 것을 여러분은 알지 못합니까? 이와 같이 여러분도 상을 받을 수 있도록 달리십시오. 경기에 나서는 사람은 모든 일에 절제를 합니다. 그런데 그들은 썩어 없어질 월계관을 얻으려고 절제를 하는 것이지만, 우리는 썩지 않을 월계관을 얻으려고 하는 것입니다. 그러므로 나는 목표 없이 달리듯이 달리기를 하는 것이 아닙니다. 나는 허공을 치듯이 권투를 하는 것이 아닙니다. (고전 9:24~26)

사도 바울은 운동하는 사람의 비유를 사용하여 경기에 나서는 사람은 모든 일에 절제한다고 가르친다. 경기에 나서는 사람은 모든 일에 절제한다. 박태환 선수가 새벽까지 놀고서 한낮이 되도록 늦잠을 잔다거나, 김연아 선수가 배터지도록 삼겹살을 먹는 모습을 상상해보라. 어떤 선수도 운동시간에만 열심히 노력해서는 금메달을 따지 못한다. 모든 일에 절제할 줄 알아야 꿈을 이룰 수 있다. 우리 자녀들이 유혹이 많은 시대를 이겨낼 절제력을 키우길 꿈꾼다.

chapter 06

안식일을 기념하여
가정의 전통을 세우다

"당신 남편에게는 토요일도 없고, 일요일도 없다. 당신 아이가 아빠 얼굴도 모를 수 있다. 그래도 좋으면 결혼해라. 내가 주례를 서 주마."

만약 내 상사가 이렇게 말했다면 아내는 나와 결혼했을까? 분명히 아내는 내게 직장을 그만두라고 말했을 것이다. 그런데 이 말은 황우석 박사가 제자들이 결혼식 주례를 부탁할 때 실제로 했던 말이라고 한다. 황우석 박사의 연구팀의 업무 스케줄은 '월화수목금금금'이라고 알려지기도 했는데, 신문과 TV가 황우석 박사를 상대로 용비어천가를 부를 때에는 이러한 살인적 스케줄마저도 찬양했다. 그런데 그 결과는 안타깝게도 논문조작이라는 사고와 불명예퇴진으로 이어졌다. 황우석 박사가 이끌던 연구팀의 업적은 놀라웠지만, 그러한 업적을 지속할 수 있는 문화를 가지고 있지 않았다. 휴식 없는 삶은 결코 지속될 수 없다.

안식은 명령이다

쉬지 않고 열심히 일하는 모습이 미덕이던 시대가 있었다. 오랫동안 이러한 생활방식에서 살아온 어른들은 당최 젊은 사람들이 노는 꼴을 참고 보지 못한다. 하지만 어느 정도 먹고사는 문제가 해결되면 사람들은 여가를 즐기고 싶어하는 게 당연지사다. 그래서 현대 사회에서는 여가와 오락이 무척 중요하다. 그런데 특이하게도 유대 사회는 고대 적부터 일주일의 마지막에 안식일이라는 정기휴일을 가지고 있었다. 당시 어느 나라도 이러한 정기휴일 제도를 운영하지 않았으니, 유대사회의 안식일은 정말 하나님께서 정해주신 휴일이라고밖에 할 수 없다.

하나님은 안식을 중요하게 여기셨는데, 성경에는 안식일만 있는 것이 아니라 7년에 1년씩 땅에 곡식을 심지 않고 놀리는 안식년도 있다. <u>더 나아가 7년씩 일곱 번, 49년이 지나면 50년째는 주빌리 또는 희년(기쁨의 해)이라고 부르며 농사를 짓지 않았다.</u> 강제 휴식을 명령하시면서 하나님은 그렇게 쉬어도 먹고살 수 있으니 걱정하지 말라며 안식년 전에는 풍년을 약속하셨다. 이처럼 하나님은 '쉬어도 좋다'가 아니라, '반드시 쉬어야 한다'고 명령하셨다.

주님께서 모세에게 말씀하셨다. "너는 이스라엘 자손에게 일러라. 너희는 안식일을 지켜라. 이것이 너희 대대로 나와 너희 사이에 세워진 표징이 되어, 너희를 거룩하게 구별한 이가 나 주임을 알게 할 것이다. 안식일은 너희에게 거룩한 날이므로, 너희는 안식일을 지켜야 한다. 그 날을 더럽히는 사람은 반드시 죽여야 한다. 그 날에 일을 하는 사람은, 누구든지 자기의 겨레로부터 제거될 것이다. 엿새 동안은 일을 하고, 이렛날은 나 주에게 바친 거룩한 날이므로, 완전히 쉬어야 한다. 안식일에 일하는 사람은 반드시 죽여야 한다. 이스라엘 자손은 이 안식일을 영원한 언약으로 삼아, 그들 대대로 지켜야 한다. 이것은 나와 이스라엘 자손 사이에 세워진 영원한 표징이니, 이는, 나 주가 엿새 동안 하늘과 땅을 만들고 이렛날에는 쉬면서 숨을 돌렸기 때문이다."(출 31:12~17)

하지만 정작 여호수아를 따라서 가나안에 들어간 이스라엘 백성들은 안식년도, 희년도, 심지어 안식일도 지키지 않았다. 사람들이 휴식 없이 욕심대로 살 것을 아셨기에 하나님께서는 휴식을 취하지 않으면 나라 전체를 징벌하겠다고 율법으로 지정하셨다. 하지만 이러한 경고를 받고도 이스라엘 백성은 안식의 율법을 지키지 않았고 그 결과는 참담했다. 하나님은 이스라엘 백성들이 쉬지 않고 땅도 쉬지 못하게 만들었다는 이유로 이스라엘 백성들을 전쟁포로로 넘기셨다.

나는 너희를 여러 민족 사이로 흩어 버리고, 칼을 뽑아 너희 뒤를 쫓게 할 것이다. 너희가 살던 땅은 버려진 채, 거칠고 쓸모 없이 될 것이며, 너희가 살던 마을들은 폐허가 될 것이다. 그 때에야 비로소, 땅은 안식을 누릴 것이다. 땅이 그렇게 폐허로 버려져 있는 동안, 곧 너희가 원수들의 나라로 잡혀가 있는 동안에, 비로소 땅은 쉴 것이며, 제 몫의 안식을 누릴 것이다. 너희가 그 땅에 사는 동안에는, 안식년이 되어도 땅이 쉬지 못하였지만, 폐허로 버려져 있는 동안에는, 땅이 쉴 것이다. (레 26:33~35)

유대사회는 인류역사상 주기적인 휴일을 공식적으로 사용했던 첫 번째 사회였다. 지금까지 유대인들은 안식일 규정을 엄격하게 지키는데, 신기하게도 그렇게 쉬기 좋아하는 사회의 성과가 탁월하다. 세계적 업적을 남긴 학자도 많고, 세계경제에 미치는 영향력도 지대하다. 주말도 없이 열심히 일하며 살아왔던 우리로서는 약이 오르는 일이지만 생각해보면 당연한 일이 아닌가? 하나님께서 주신 원칙을 따랐으니 흥할 수밖에.

금요일 저녁에 시작하는 안식일

우리 가정은 유대사회의 안식일 문화를 롤모델로 삼아 안식하는 삶을 살기로 결정했다. 그러자니 먼저 유대사회가 어떻게 안식일을 지키는지 궁금했다. 유대사회의 안식일은 일주일의 마지막 날인 금요일 저녁에 시작한다. 우리는 흔히 '월화수목금토일'이라고 하지만 원래 일요일이 한 주의 첫날이며 달력도 그렇게 만들어져 있다. 그러니 토요일이 마지막 날, 안식일이 된다. 그런데 왜 금요일 저녁부터 쉬는 걸까? 성경은 해가 지는 때부터 하루가 시작한다고 말한다.

"빛을 낮이라 부르시고 어두움을 밤이라고 부르셨다. 저녁이 지나고 아침이 되자 이것이 첫째 날이었다." (창 1:5, 현대인의 성경)

이 말씀에 따라 유대사회는 해가 지는 저녁에 하루가 시작된다고 말한다. 그래서 안식일은 금요일 해가 지는 시간부터 토요일 해가 지는 시간까지다. 이러기에 금요일 오후 3~4시가 되면 유대인들은 퇴근길을 서두르고 집에 돌아와 청소하고 정성스레 저녁식사를 준비한다. 틈틈이 전화를 걸어 가족친지의 안부를 물으면서 안식일 직전까지 분주하게 보낸다.

하지만 일단 해가 지고 나면 상황은 차분해진다. 어머니가 초를 켜고, 아버지는 가정을 대표해서 행복한 안식일을 기원하고 하나님께서 가정에 방문하시기를 바라는 기도를 한다. 이어서 아이들 한 명 한 명에게 축복기도를 하고, 준비한 음식에 와인을 곁들여 천천히 음미한다. 식탁에서 시작된 대화는 식사 후에도 이어지고 TV와 전화기를 꺼두기 때문에 가족은 온전히 서로에게 집중해서 대화를 나눈다. 이렇게 어릴 적부터 매주 시간을 보내니 자녀와 부모의 관계는 대체로 화목하다고 한다.

깔끔한 복장, 은은한 촛불, 맛있는 음식과 와인, 웃음이 넘치는 대화는 전형적인 데이트 코스다. 그래서 유대인 부부는 안식일 밤에 부부만의 애틋한 시간을 갖는다. 성스러운 날에 웬 부부관계냐고 묻는다면 안식일은 휴식을 하는 날이자, 신이 주신 축복을 누리는 날이라는 사실을 기억하면 이해가 된다. 그래서 죄가 되지 않는 것이라면 조금 과하게 해서라도 행복을 양껏 누린다. 아내들은 일부러 맛있는 음식재료를 아껴두었다가 안식일 요리에 사용한다. 또 바쁜 주중에 보지 못했던 재미난 소설을 차분하게 읽기도 한다. 물론 예배도 드린다. 안식일은 그냥 몸이 쉬는 휴일이 아니라, 하나님을 기억하고 삶을 즐기는 날이다.

크리스천 가정의 안식일 저녁식사

주일을 지키는 우리 가정은 금요일이 아닌, 토요일 저녁에 안식일 저녁식사를 한다. 토요일 낮이면 어김없이 청소를 하는데 아내가 저녁식사를 만들기 때문에 집안청소는 주로 내 몫이고, 아이들은 각자 자기 방을 정리한다. 안식일 저녁을 앞두고 화를 내지 않으려고 하지만 아이들을 재촉하다 보면 가끔은 마음이 조급해진다. 그러다가 저녁 밥상 앞에 앉으면 이로써 분주한 일상은 힘을 잃고 사라진다.

아내가 초를 켜고 아이들이 순서를 정해 포도주를 따르는 것으로 저녁식사가 시작된다. 가족이 함께 감사기도를 드리고 나면 나는 아이들을 하나씩 식탁에서 불러내어 머리에 손을 얹고 축복기도를 하는데 이때 종종 막내가 나를 와락 끌어안고 매달린 채 기도를 받는다. 가끔은 아이들의 친구가 와서 같이 저녁을 먹기도 하는데, 아들 친구에게도 축복기도를 해준다. 한 번은 목사님 아들이 왔는데, 축복기도를 받고서 의아했는지 집에 가서 아버지에게 "그 집 아빠는 목사도 아닌데 축복기도를 해요."라고 이야기했다고 한다. 그런데 내가 하는 축복기도는 지극히 성경적인 것으로, 아브라함 이래로 아버지들은 당연히 자녀에게 축복기도를 했다. 베드로는 편지에서 그리스도인들이 '왕 같은 제사장'이라고 말했다. 그러니 아버지는 가정의 왕과 제사장으로서 기꺼이 그리고 반드시 자녀에게 축복기도를 해야 한다.

저녁밥을 먹는 중에 나는 종종 퀴즈를 낸다. 퀴즈를 내면, 아이들의 관심이 모아지고 대화가 시작된다. 성경지식이 많지 않아도 퀴즈를 낼 수 있다. 예를 들면, 성경에 등장하는 동물 이름을 묻는 식이다.

"성경에서 동물이 나오는 이야기를 아는 사람?"

"낙타요. 요셉이 낙타 장사에게 팔려가요."

"정말 그런지 찾아볼까? 창세기 37장이구나. 요셉이 미디안 상인에게 팔려갔구나. 아마 낙타를 타고 다니고 팔기도 했겠지. 하지만 낙타 장사라고는 써있지 않았으니까, 미안하지만 땡!"

"저요, 저요. 사자요. 삼손이 맨손으로 사자를 죽인 적이 있어요."

"빙고!"

"이번엔 저요. 저도 사자요."

"방금 했잖아."

"하지만 제가 말한 사자는 다니엘의 사자예요. 다니엘이 사자굴에 던져졌잖아요."

"인정!"

순식간에 식탁은 퀴즈쇼와 토론열기로 후끈 달아오른다. 저녁밥을 다 먹고 나면 아이들은 과일이나 아이스크림을 먹고 만화책을 보다가 기분 좋게 잠잘 준비를 한다. 주중에는 태권도, 수학학원 등으로 조금은 바쁜 일상을 살던 세 아들은 이때만큼은 공부 압박감을 전혀 느끼지 않고 여유를 즐기고 가끔 가족이 함께 영화를 보기도 한다. 평소에 TV를 보지 않는 세 아들에게 영화는 엄청난 재밋거리다. 해가 긴 여름 저녁에는 다 같이 나가 산책하다가 아이스크림을 사먹는 재미도 쏠쏠하다. 이러기를 3년이 넘어가자, 이제 세 아들은 내가 토요일 저녁에도 일을 하거나, 출장 등으로 늦거나 하면 무척 실망한다. 이제 우리 가정에서 안식일 저녁식사는 빼놓을 수 없는 즐거움이 되었다.

유대인들이 안식일을 지킨 것이 아니라, 안식일이 유대인을 지켰다는 말이 있을 정도로 안식일 관습은 유대문화의 핵심을 이룬다.

안식일 저녁식사라는 가족문화를 시작한지 수 년에 이르자, 그 의미를 알 수 있었다. 토요일 저녁부터 일요일 예배와 일요일 저녁까지의 휴식은 우리 가정이 하나님을 기억하는 중요한 시간이다. **신앙에서 안식은 선택사항이 아니라 필수사항이다. 안식은 게으름이 아니라 순종을 의미하고, 바쁜 일상과 생계의 압박을 의도적으로 무시한다는 점에서 안식은 용기와 믿음을 의미한다.** 게다가 현대인들이 그렇게 찾는 힐링 또한 안식 안에 있다. 일주일의 시작인 주일과 마지막인 안식일에 하나님을 만나는 사람에게는 힐링이 찾아온다. 이제는 쉬자.

chapter 07

여행을 통해 아들과 친구가 되다

자녀와 대화가 힘들다면서 도움을 청하는 부모를 만날 때마다 나는 그들의 상황을 알아보려고 간단한 질문을 종종 한다. '아이의 가장 친한 친구는 누구인가요?'. 아이들 표현으로 하면 '베프'가 누구냐는 말이다. 베프란 요즘 청소년들은 친한 친구, 즉 Best friend를 줄여서 부르는 말이다. 대개의 경우, 부모는 아이의 베프가 누구인지 모르고, 베프 목록에 부모가 있는 경우를 단 한 번도 만나지 못했다. 그러면 자녀의 마음을 놓고 벌이는 게임에서 이미 진 것이다. 당연히 자녀와 대화가 안 될 수밖에. 자녀를 설득하려는 부모는 먼저 자녀의 가장 친한 친구가 되어야 한다.

기업들은 마켓쉐어(market share, 시장점유율)를 늘리기 위해 갖가지 노력을 하고, 이미지 광고를 하고, 게릴라 마케팅으로 소비자를 깜짝 놀라게도 한다. 공짜 상품을 나누어주기도 하고, 경품을 걸고 대회를 열기도 한다. 부모의 처지도 비슷하다. 부모는 세상과 맞서서 자녀의 마인드쉐어(mind share, 마음속 비율) 경쟁을 하고 있다는 사실을 인식하고 자녀의 마음을 얻기 위해 노력해야 한다. 기업이 소비자의 마음을 얻지 못하면 제아무리 좋은 제품도 팔 수 없는 것처럼, 부모가 자녀의 마음을 얻지 못하면 제아무리 좋은 가르침도 전달할 수 없기 때문이다.

자녀의 취미를 따라 해야 하느냐고 묻는 부모들이 있다. 물론 그러면 좋지만 그렇게 해서는 또래친구들을 밀어내고 자녀의 베프가 될 수 없다. 부모가 친근하더라도 또래친구처럼 편안할 수는 없다. 부모가 자녀의 또래친구를 이기는 방법은 또래친구가 줄 수 없는 것을 아이에게 주는 것이다. 그것이 무엇인지는 가정마다 다른데, 우리 가정의 경우에 나는 아들에게 여행을 선물했다. 가족여행도 종종 하지만 일부러 아들 하나만 데리고 여행을 간다. 세 아들은 제각각 부모와 여행을 통해 사랑을 독차지하면서 집이나 학교에서는 만날 수 없는 독특한 경험을 하고 깨달음도 얻는다. 우리는 이러한 원칙을 성경에서 발견한다.

여행은 최고의 공부다

모세는 이스라엘 민족을 인도해서 이집트를 탈출해 약속의 땅으로 들어갈 생각에 가슴이 부풀었다. 하나님께서도 모세를 따로 불러 율법을 주시면서 각별한 애정을 보이셨다. 이스라엘 민족은 노예생활에서 벗어난 기쁨과 약속의 땅으로 들어갈 기대에 흥분했지만 하나님은 그들이 이방 민족을 만나면 겁을 집어먹고 왔던 길을 되돌아갈 것을 아셨다. 그래서 하나님께서는 이스라엘 민족의 여정을 직선코스 대신 구불구불한 곡선으로 설계하셨다. 또한 가나안 농경사회의 앞선 문명을 보면 곧 주눅이 들고 그 문화에 동화될 것을 염려하여 특별한 수업도 준비하셨다.

생각해보자. 도대체 이스라엘 민족은 광야를 떠도는 40년간 무엇을 했을까? 유목민으로 떠돌다보니 당연히 농사를 지을 수 없었을 테고, 음식은 만나와 메추라기 위주로 준비했기에 식단은 단조로웠을 테고, 하나님의 보호 덕분에 이민족과 전투를 벌일 일도 아파서 고생하는 사람도 없었을 것이다. 그렇게 무려 40년을 살았다. 유대 전승에 따르면 그들은 그 기간 동안 율법을 공부했다. 이집트탈출기 20장의 십계명으로 시작하여 레위기에 이르기까지 모세가 하나님으로부터 받아온 율법은 양도 많고 상세하다. 당시 주변 나라들은 상상할 수 없을 만큼 정교하고 진보된 법이었다. 도대체 고대 어느 나라가 일주일에 하루씩 휴일을 갖고, 노예에게도 휴가를 준단 말인가. 오직 하나님의 법이기에 가능한 일이며 이스라엘은 하나님의 율법을 가르치고 배웠다. 흔히 우리는 이런 생각을 한다. 광야생활 40년이란 믿음 없던 정탐꾼 열 명에 동조했던 세대가 모두 죽을 때까지의 시간이며, 그래서 이스라엘이 죄값을 치른 시간이라고. 단지 그렇지만은 않다. 그 시간은 이스라엘 모두가 율법 전문가로 거듭나는 사법연수원 시절이었다.

하나님은 무려 40년짜리 여행계획을 만들고 그 하루하루를 율법 공부와 기도, 토론으로 채우셨다. 그 과정을 통해 노예 생활에 익숙하던 어른들과 달리 스스로 생각하고 결정할 줄 아는 주도적인 성품의 다음 세대를 키워내셨다. 하나님이 준비하신 여행은 학습과 변화의 시간이다. 그래서 우리 가정도 여행을 통해 세 아들을 가르치기로 결정하고 세 가지 원칙을 만들어 실천했다. 처음부터 원칙을 만든 것은 아니고 여행을 하면서 하나씩 만들고 다듬어갔다고 해야 더 맞겠다.

여행의 원칙

<u>원칙 1</u> **한 번에 한 명의 아이하고만 여행한다.**

우리 가정이 한 아들만 데리고 여행가는 전통은 2009년에 시작되었다. 처음부터 의도한 것은 아니고 우연히 미국에 출장갈 때 아내와 초2년생 큰아들 현민이를 동반했다. 비용부담도 크고, 내가 일하는 동안 혼자 아이를 돌봐야 하는 아내의 부담을 덜어주려는 뜻이었다. 이후 우리 가정에는 아들이 초2년이 되면 부모와 단독으로 여행가는 전통이 생겼다. 해민이를 데리고는 싱가포르에 갔는데, 이때에도 나는 컨퍼런스에 참여하느라 저녁 때에만 아내와 아들을 만났

다. 지민이를 데리고는 자카르타에 갔는데, 자카르타 교회와 현지의 국제학교를 방문하기 위한 여행이었다. 세 번 모두 휴양만을 위해 떠나는 여행은 아니었다.

여행은 부모와 자녀가 온전히 서로에게 집중할 수 있는 절호의 기회이고 여행 중에 아이를 한 명만 데려가면 그 효과는 열 배쯤 커진다. 매번 여행마다 아이들은 부모의 사랑을 100% 독차지했다. 아이들은 여행지가 어떤 나라인지, 여행에 어떤 목적이 있었는지에 관심을 가지기보다 부모의 사랑을 독차지하는 경험을 즐겼고 그 경험은 부모와 세 아들 사이에 강력한 유대관계를 만들어냈다. 얼마 전에는 교회학교 중고등부에 올라간 현민에게 전도사 한 분이 질문을 했다.

"현민아, 너의 베프는 누구니?"

현민이와 베프인 재호

"재호랑 저희 아버지요."

현민이는 주저 없이 대답했다고 한다. 아버지를 베프라고 답한 아이를 이제껏 처음 만났다며 전도사는 감탄했고, 그 말을 들은 나는 무척 흐뭇했다. 그간의 노력이 헛되지 않았구나. 이로써 나는 현민이 마음 밭을 부드럽게 갈아놓았다는 것을 확신했다. 그간의 수고를 보상받은 느낌에 감사했다. 매번 여행을 떠날 때면 남은 두 아들은 할아버지, 할머니 집에서 머물렀다. 두 어르신의 수고로 여행이 가능했을 뿐 아니라, 아이들은 부모보다도 나이가 많은 어르신들 앞에서 예절을 배웠다. 이 또한 감사한 일이었다.

원칙 2 개발도상국을 찾아간다.

여행할 때는 장소 선정이 중요하다. 아들과의 해외여행을 계획할 때에는 일부러 개발도상국을 골랐다. 선진국에 가면 안락함에 익숙해지고 눈만 높아져서 아들의 성품 개발에 오히려 방해가 될 수도 있기 때문이다. 우리나라보다 조금 생활여건이 부족한 나라에 가면 아들만큼이나 나와 아내도 감사한 마음이 우러난다. 우리나라가 얼마나 많이 발전한 나라인지 다시 기억하고 감사하게 된다.

예를 들어, 2015년 1월에 나는 현민이만 데리고 캄보디아의 수도 프놈펜을 찾았다. 프놈펜은 우리나라의 1960년대 느낌을 주는 도시인데, 자동차와 용달차 택시, 오토바이와 자전거가 뒤섞인 거리는 우리의 정신을 쏙 빼놓기에 충분했다. 우리를 맞아준 캄보디아 교인

처음으로 현민이와 단둘이 떠난 캄보디아 여행

가정의 형편도 그리 넉넉하지 않아서, 우리는 다락방을 개조하여 만든 침실에서 생활했다. 빠듯한 살림인데도 불구하고 우리를 맞아준 가정에 진심으로 감사했다.

캄보디아는 전쟁 후 폐허가 된 우리나라에 식량을 원조할 정도로 부자나라였다. 오죽하면 싱가포르가 도시계획을 준비할 때 참조할 정도였다. 하지만 크메르 루즈 공산정권 시절에 나라 전체가 50년 후퇴했다. 정부는 개인 재산을 몰수했고, 공동체 생활을 위해 각 가정에서 조리기구마저 빼앗았다. 안경을 쓴 사람들은 지식인이라 하여 죽였고, 공장은 폐업시키고 전국을 농업국가로 바꾸어 놓았다. 라이터가 없어 부싯돌로 불을 지펴야 했다고 하니 정말 터무니없는 정권이었다.

크메르 루즈 시절에 민간인을 죽이는 감옥이었던 박물관에서 현민이는 큰 충격을 받았다. 나쁜 리더를 만나면 나라가 얼마나 풍비박산이 되는지 눈으로 직접 본 셈이다. 역사 공부의 중요성, 바른 리더십의 필요성을 가르치는 방법으로 이것보다 뛰어난 방법이 있을까? 현민이와 나는 여행 기간 동안 캄보디아의 역사, 우리나라의 역사를 비교하며 많은 대화를 나누었다. 이스라엘의 광야생활이 율법 공부를 하는 시간이었던 것처럼 우리 부자에게 여행은 역사공부를 하는 시간이었다.

같은 해 10월에는 지민이를 데리고 인도네시아 수도 자카르타를 방문했다. 이번에 영향을 받은 사람은 아내였다. 아시아에서 호주까지 펼쳐진 거대한 땅과 자원을 가진 나라지만, 군부독재 영향으로 국민들의 일상에는 여전히 불편이 많은 나라. 하지만 자카르타 교회의 교인들이 풍성한 사랑으로 우리 가족을 섬겨주었다. 영어로 대화하려다 보니 의사소통은 조금 어설펐지만, 아내는 현지 교인들이 보여준 사랑에 완전히 감동했다.

개발도상국으로 여행을 떠나는 것은 불편하다. 그래서 우리는 적극적으로 현지 교회에 연락하고 도움을 요청했고 한국교회에서 성금을 모아 전달하면서 인심을 얻기도 했다. 여행을 왜 그리 불편하게 하느냐고 묻는 사람들은 없다. 생각이 깊어지고 시야가 넓어진 현민이를 보면 그 이유를 바로 느끼기 때문이리라.

지민이, 아내와 떠난 인도네시아 여행

사실은 내가 배우는 것이 더 크다. 캄보디아, 인도네시아 등을 여행하면서 사회적으로 안정되고 경제적으로 부유한 우리나라에서 태어난 것을 감사하게 되었다. 미국이나 유럽만 바라보면 한국 사회는 분명 살기 힘든 곳이다. 하지만 50년 전에 비하면 우리나라는 엄청나게 발전했다. 불평하기보다 감사해야 옳지 않을까?

항상 기뻐하십시오. 쉬지 말고 기도하십시오. 모든 일에 감사하십시오. 이것이 그리스도 예수 안에서 여러분에게 바라시는 하나님의 뜻입니다. (살전 5:16~18)

일상에 파묻혀 살면 감사하기 힘들다. 관성의 힘은 무서운 것이어서 월급이 올라도 한 달이면 곧 당연하게 여겨진다. 겸손한 마음을 일깨우고 싶다면 개발도상국으로 여행을 떠나자. 아이들이 반찬투정을 멈추지는 않지만, 분명히 이렇게 말한다. "한국은 참 부자 나라예요. 한국에 태어난 게 감사해요."

원칙 3 여행 후에도 현지에서 만난 사람들과 계속 연락한다.

여행에 드는 돈이 적지 않아 우리 가정은 여행의 효과를 키우기 위해 여행의 기억을 되살리는 활동을 한다. 일단 여행을 다녀오면 사진을 정리하고, 아이들은 일기를 쓴다. 나는 현지인 가정에게 이메일을 써서 감사 인사를 전하고 이후 그곳으로 출장이나 여행가는 사람이 있다면 인편에 선물이나 후원금을 보낸다. 내가 염치를 아는 사람이라서 거듭해서 감사인사를 하는 것이 아니다. 훗날 다시 내 아들들을 그 나라에 보낼 것이기 때문에 그렇게 한다. 그쪽 가정이 우리나라를 방문한다거나 자녀만이라도 여행을 보낸다면 기꺼이 환대하고 반길 것이다. 서울 안내는 누가 하느냐고? 그야 세 아들이 해야지. 아시아 지역에 서로를 반겨줄 수 있는 친구 가정이 있다는 것은 얼마나 흐뭇한 일인지 모른다.

하나님께서는 유대인의 조상을 유목민으로 키우셨다. 모든 것이 신중하게 결정되는 하나님의 계획 안에서 이러한 선택은 우연이 아닐 것이다. 이집트를 나와 40년간 광야를 떠돌면서 한 세대가 물러나자, 하나님의 말씀으로 훈련된 민족은 여호수아, 갈렙의 인도를 따라 가나안 정복이라는 대업을 이룰 수 있었다.

여행을 통해 일상에서 분리되면 삶의 관성이 멈추고 습관도 작동하지 않는다. 무엇을 먹을지, 어디로 갈지 결정하느라 하루 하루가 편하지 않고 긴장이 계속된다. 그래서 그때마다 기도를 통해 하나님의 지혜를 구하게 된다. 우리 가정의 여행은 TV 속 광고가 포장하는 것처럼 낭만적이지 않다. 대신 여행을 통해 하나님의 존재와 인도를 경험한다. 그리고 어느 순간 깨닫게 된다. 결국 우리는 이 세상을 여행하고 있구나.

그러나 우리의 시민권은 하늘에 있습니다. 그곳으로부터 우리는 구주로 오실 주 예수 그리스도를 기다리고 있습니다. (빌 3:20)

우리의 시민권은 하늘에 있고, 우리는 지금 지구를 여행 중이다. 우리는 간간히 영적 경험을 하는 육적 존재가 아니라, 육적인 경험을 하고 있는 영적인 존재다. 우리가 이 땅 어느 곳에 안착하건 그 생활은 100년을 넘지 못할 것이다. 그래서 돌아갈 하늘나라를 기억하고 여행자답게 살기로 결심한다. 그리고 세 아들과 여행하면서 일평생 지구 여행자로 살아갈 준비를 하라고 가르치고 싶다.

PART | 04

실력을 키우는 데 힘쓰다

chapter 01

공부를 왜 하는지 묻다

 미국에서 한때 '사만다 웨스트(Samantha West)'라는 여자 전화상담원을 놀리는 놀이가 유행했다. 방법은 이렇다. 건강보험회사 사이트에 상담을 신청하고 사만다 웨스트의 전화를 기다린다. 전화가 걸려오면 상담원에게 계속해서 "당신은 로봇이냐?"라고 물어보는 짓궂은 장난이다. 심지어 이 장난을 녹화해서 유투브 사이트에 올려놓은 사람도 여럿이다. 이런 고약한 장난이 계속되는 이유는 사만다 웨스트가 정말로 로봇이기 때문이다. 로봇이라고 해서 우리가 흔히 상상하는 것처럼 얼굴과 팔, 다리가 있는 그런 로봇이 아니다. 사만다는 스스로 전화를 걸고 잠재고객과 상담할 수 있는 인공지능 프로그램이다. 사만다는 여성 목소리로 전화상담을 신청한 잠재고객에게 몇 가지 질문을 한다. 나이는 얼마나 되는지 중병을 앓은 경력이 있는지 확인한 다음, 보험 가입이 가능한 잠재고객을 발견하면 사만다는 그 전화를 인간 보험판매원에게 넘긴다. 사만다 웨스트가 전화 상담 중에 농담을 하고 웃을 줄도 아는지라 많은 사람은 자신이 로봇과 대화하는지 모를 정도다. 10년 후 미래가 아닌, 바로 지금 일어나는 일이다.

시대의 흐름을 읽자

사람인지 로봇인지 구별이 되지 않을 정도로 정교한 컴퓨터 프로그램이 24시간 쉬지 않고 보험상품을 판매할 수 있는 세상이다. 그렇다면 우리 자녀들은 어떤 세상에서 살게 될까? 우리가 미래를 알 수는 없지만, 시대의 흐름은 이해하고 있어야 한다. 어느 시대에나 시대의 흐름을 잘 알고 대처하는 사람들이 상황을 주도하는 법이니까. 그래서 자고로 현명한 리더는 시대의 흐름을 읽어내는 사람들을 자기 주변에 두려고 한다. 다윗 왕이 바로 그런 왕이었다.

"잇사갈 자손 중에서 시세를 알고 이스라엘이 마땅히 행할 것을 아는 우두머리가 이백 명이니 그들은 그 모든 형제를 통솔하는 자이며…(대상 12:32)

다윗이 백성들의 신임을 얻기 시작하자, 킹메이커를 자청하는 사람들이 다윗 주변에 모여들었다. 여러 지파에서 많은 군인이 다윗을 찾아와 충성서약을 했는데, 잇사갈 지파에서는 단지 군인들만 온 것이 아니었다. 잇사갈 지파에서 온 200명은 모두 족장급이어서 다윗에게 큰 지지세력이 되었다. 시대의 흐름을 읽고 움직이는 사람들은 미래의 파도에 휩쓸리지 않는다. 뛰어난 서퍼들이 큰 파도를 즐기듯이 시대의 흐름을 읽는 사람들은 변화의 파도 위에 올라탈 수 있다. 우리 자녀들도 바로 그렇게 키워야 한다.

21세기 세상을 바꾸는 파도의 이름은 기술이다. 우리는 카카오톡을 이용해서 해외 친척에게 실시간으로 인사를 하고 인터넷 전화를 통해 공짜로 대화도 나눈다. 집 밖에서 스마트폰으로 보일러를 켤 수도 있고, 자율 주행 기술로 주차도 가능하다. 이렇게 기술이 발전하다 보면, 흔히 사람들은 기계가 사람 대신 허드렛일을 하고 사람은 전문적이거나 창의적인 업무만 할 것이라고 생각한다. 그건 기술자들이 꿈꾸는 미래의 모습이다. 정작 사람을 채용하고 임금을 주는 기업인들의 생각은 다르다. 기업인은 기계를 쓸 때보다 인건비가 싼 경우에만 사람을 고용할 것이다.

예를 들어, 현대자동차는 용접 라인에서 사람 대신 기계를 쓴다. 용접기계의 제작비와 유지비가 비싸기는 하지만 숙련된 용접공을 육성하고 유지하는 비용보다는 싸기 때문이다. 반면, 쓰레기 수거는 여전히 사람이 하고 있다. 환경미화원이 되겠다는 사람이 많기 때문에 굳이 돈을 들여가며 쓰레기를 수거하는 기계를 만들 필요가 없기 때문이다. 그래서 자동차 용접 같은 정밀작업은 기계가 하고, 쓰레기 수집 같은 단순작업은 사람이 한다.

자, 어떤가? 우리 자녀는 기술의 파도 위에서 바람을 가르며 파도를 즐길 수 있을까? 혹시 자녀교육의 방향이 단순히 대학입시만을 겨냥하고 있는 것은 아닐까? 우리 가정에서는 세 아들이 경제적으로 자립할 수 있는 능력을 확보하는 것에 목표를 두고 공부를 지도하고 있다. 이처럼 자녀의 공부를 지도하려면 먼저 자녀에게 공부를 왜 하는지 물어볼 필요가 있다. 이유도 모르고 공부하는 것은 마치 눈을 감고 자전거를 타는 것과 비슷해서 십중팔구 넘어질 수밖에 없다.

미래의 직업세계에서 살아남으려면

《탈무드》는 유대인 아버지에게 반드시 자녀의 직업교육을 지도하라고 가르친다. 아버지가 자녀에게 생업에 필요한 기술을 가르치지 않으면, 결국 자녀에게 도둑질을 가르치는 것이라고 단언한다. 산업화 이후에 아버지가 자녀에게 생업의 기술을 가르치는 경우는 거의 사라졌지만 여전히 부모는 자녀에게 직업윤리를 가르칠 필요가 있다. 나는 종종 아들에게 "직장에서 이런 식으로 일하면 칭찬받는다." 혹은 "이렇게 행동하면 네 상사가 좋아하지 않을 거다."라는 말을 한다. 중학생 나이의 아들에게 이런 말을 하는 것이 이상하게 들리겠지만, 그만한 이유가 있다.

우리 사회는 교육에 목숨을 건다. 대한민국의 3대 종교는 기독교, 불교, 그리고 대학교라는 농담이 있을 정도다. 컨디션 난조로 시험을 망치면 자살하는 학생들마저 있으니 웃을 수만도 없다. 대학 진학은 학생의 꿈이고 부모의 소망이다. 온 국민이 이러니 대학입시가 다가오면 나라 전체가 들썩거린다. 도대체 세상 어디에 영어 듣기평가를 위해 비행기도 못 뜨게 하는 나라가 있을까?

그렇게 간절한 마음으로 준비해서 대학에 가면 고통과 경쟁은 끝이 날까? 안타깝지만, 교육부 통계는 그렇지 않다고 말한다. 2014년 기준으로 대졸자 취업률은 3년 연속 60%를 넘지 못하고 있고 게다가 대졸자가 취직하는 데 걸리는 기간은 평균 11개월이라고 한다. 상황이 이렇다 보니, 상당수 학생들이 대학의 전공과 관계 없이 대기업, 공무원 시험 준비에 매달린다. 대기업 사원이나 공무원이 되더라도 기술의 파도는 피할 길이 없다. 그렇다면 우리 자녀들은 입시 준비를 하기에 앞서 미래에 어떤 직장생활을 하게 될지 알 필요가 있다.

미래는 지금과 많이 다를 것이다. 우리가 겪어본 삶이 그걸 증명한다. 내가 처음 직장생활을 시작했을 때 회사는 직원들에게 덩치가 커다란 PC를 지급하기 시작했다. 당시에 사용하던 3.5인치 플로피 디스켓 용량은 1.44MB였다. 요즘 내가 쓰는 손톱 크기의 메모리 스틱 용량이 가뿐히 2GB를 넘으니 그때에 비해 용량이 1,000배 이상 크다. 지난 20년간의 변화가 이 정도이니, 앞으로 20년 동안의 변화는 어마어마할 것이다. 세계 석학들은 ICT(정보통신기술)의 발전으로 사람이 하는 일 중 상당 부분이 컴퓨터와 기계로 대체될 것이라고 한다. 그렇다면 청년실업은 앞으로 더 늘어날 것이고, 그나마 일자리를 구한 사람들의 삶도 컴퓨터의 지배에서 자유롭지 못할 것이다. 직장인과 컴퓨터와의 관계는 다음 세 가지 중 하나가 될 것이다.

첫째, 컴퓨터와 경쟁하다가 밀리는 경우다. 우리보다 10여 년 앞선 미래를 사는 미국을 보면 우리 미래를 예측할 수 있다. 미국에서는 신문기자가 줄어들고 있다. 종이신문을 보는 사람이 줄어들어서 신문사의 수입이 크게 줄어들었다. 더 나아가 급여를 받지 않고 기사를 쓰는 기자들 때문에 기존의 기자들이 설 자리는 점점 좁아지고 있다. 무급기자 중 대표적인 것으로 컴퓨터가 있다. 이미 대형 신문사에서는 로봇 기자라 불리는 소프트웨어가 증권, 스포츠 등의 기사를 쓰고 있다. 예를 들어, 2014년 3월, LA 지역에 지진이 나자 LA 타임즈는 단 3분 만에 기사를 송출했다. 로봇이 쓴 것으로 심도 깊은 분석은 없었지만, 신속하게 지진의 발생시간과 장소, 규모를 알려주는 데는 충분했다.

또 온라인 신문사 허핑턴 포스트는 돈을 받지 않는 기사를 쓰는, 자유기고자들의 기사로만 신문을 만든다. 신문사가 선정한 전문가들이 블로그에 기사를 쓰면, 신문사는 이것을 독자에게 보내는 방식이다. 기사의 깊이와 재미 때문에 미국에서는 이미 허핑턴 포스트의 방문자가 뉴욕 타임즈의 방문자보다 많다. 궁지에 몰린 기자들은 프리랜서로 신분을 바꾸고, 독점 취재가 가능한 기사를 찾아 분쟁지역으로 취재탐사 여행을 떠나기도 한다. IS 테러로 숨진 초기 희생자 중에 기자가 많았던 이유가 바로 이것 때문이다. 컴퓨터와 정면승부를 해서 이길 방법은 없다.

　둘째, 컴퓨터의 지시를 받고 일하는 경우다. 일찍이 홈쇼핑이 발전한 미국의 경우, 기사들은 배달 차량에 물건을 싣고 네비게이션이 알려주는 길을 따라 운전한다. 사람의 역할은 물건을 차에 싣고 운전하는 정도이다. 이동거리와 시간을 계산해서 이동 노선을 만드는 것은 컴퓨터의 몫이다. 급기야 미국의 온라인 백화점 아마존은 책 배달을 드론(소형 무인헬리콥터)으로 하겠다고 나섰다. 이러다간 택배 기사의 일자리마저 빼앗기게 될 것이다.

　셋째, 컴퓨터를 활용해 창의적으로 일하는 경우다. 컴퓨터가 대세인 시대에도 머리(Head), 손(Hand), 마음(Heart)을 모두 사용해야 하는 직업은 사라지지 않을 것이다. 나는 이것을 3H라고 부른다. 머리만 쓰는 직업은 컴퓨터가 대체하고, 손만 쓰는 직업은 로봇이 대체할 것이다. 사람의 마음을 다루는 직업은 쉽게 대체되지 않겠지만 직업의 수요가 줄어들 것은 확실하다. 그래서 세 가지 요건을 모두 요구하는 직업에서는 컴퓨터나 로봇이 쉽사리 사람을 대체할 수 없다. 간호사, 성직자, 교사, 운동 트레이너 등이 미래에도 살아남을 직업 순위에서 높은 위치에 있는 것도 바로 이 때문이다. 결국 컴퓨터와 대결하는 대신 컴퓨터를 우회해서 컴퓨터와 협업하는 직업을 지향

해야 경제적으로 자립할 수 있다.

우리 가정이 현민이의 취미생활인 종이접기를 남다르게 보기 시작한 것도 시대의 흐름을 알고 난 다음부터다. 얼마 전에, 《탈무드》를 함께 공부하는 동료에게 현민이를 소개했다. 종이접기에 대한 현민이의 열정을 알아본 그는, 현민이에게 종이접기를 더 열심히 하라고 격려했다.

현민이가 어쩌면 학교 생활을 힘들어하는 마음 여린 학생들에게 영감을 주게 될 것이라고까지 하면서 말이다. 그러면서 현민이에게 당부의 말도 잊지 않았는데 단순한 종이접기로는 안정된 직업생활을 하기 어려울 수도 있으니 몇 가지 요소를 추가하라는 것이다. 예를 들어, 심신을 안정시키는 향이 나는 아로마 종이를 사용하면, 종이접기를 통해 취미개발에 심리치료까지 하는 아로마 테라피스트가 될 수도 있다고 했다.

그 말을 들으니, 선입견에 가로막혔던 가능성이 눈에 들어왔다. 이제 나는 주저 없이 말한다. 직업을 얻으려면 로봇보다 인건비를 싸게 유지하라고. 달리 표현하면, 로봇으로 대체하기 힘든 일을 하라는 말이다. 예를 들어, 미래에도 헤어 디자이너들은 굳건하게 직업을 지킬 수 있을 것이다. 얼굴 주변에서 가위를 움직여야 하는 섬세한 손동작을 로봇이 구현하기도 어렵지만, 마음에 드는 머리 모양을 만들고 고객의 비위를 맞추는 컴퓨터 알고리즘을 구현하는 것이 비싸기 때문이다. 종이접기 교사도 그렇다. 종이접기 교사 로봇을 만드는 비용보다 인간 교사의 인건비가 싸기 때문에 직업을 지킬 것이다. 다만 부가가치를 높여서 경제적으로 독립하려면 뭔가 남다르기 위해 고민해야 한다.

현민이는 이제 만 14세에 이미 종이접기 교사 코스를 마쳤다. 성인 교사 자격도 획득했으니, 문화센터 등에서 일할 수도 있다. 4년 전부터 초등학생 대상으로 매주 1회 종이접기 수업을 진행하는 자원봉사를 하고 있다. **대학? 자녀가 원해서 진학한다면 더할 나위 없이 좋지만 진학 자체가 목적이 되어서는 곤란하다. 그랬다가는 대학을 졸업해서 방황하게 될 것이다.** 인기 있는 직업을 겨냥해서 공부하는 것도 안전하지 않다. 10년 후에는 멸종 직업이 될 수 있기 때문이다.

2015년 종이접기 컨퍼런스의 발표자와 현민

현민이는 자신이 왜 공부하는지 안다. 경제적 독립에 필요한 지식과 기술을 습득하고 신앙과 신념을 지키면서 행복하게 살기 위해, 현민이는 3H(Head, Hand, Heart)를 요구하는 직업을 겨냥한다. 아마도 현민이는 나보다 방황을 덜 하고 하나님께서 인도하시는 길로 걸어갈 것이다.

chapter 02

재능개발 3단계

　자녀에게 재능과 재산 중 하나를 줄 수 있다면 우리는 무엇을 주고 싶을까? 아마도 상당수 부모가 재능이라고 답할 것이다. 이것은 매우 현명한 선택이다. 재산은 재능을 가져다주지 못하지만 재능은 재산을 벌어줄 수 있으니까. 그런데 정작 내가 만난 많은 부모의 자녀교육 방식은 재능개발이 아니라 재산증식에 맞추어져 있었다. 개성과 재능을 발굴하는 대신, 공부하고 시험성적을 올려서 대기업에 들어가 돈을 벌라는 방식 말이다.
　재능개발은 창조주가 주신 각각의 재능을 발굴하는 과정이고, 자녀 내면에 담겨진 보물을 꺼내는 과정이다. 이것은 외부의 돈을 내 것으로 만들기 위해 노력하는 재산증식 과정과 비교하면 방향이 반대다. 방향이 다르니 접근 방법도 다르다.

안타깝지만, 공교육은 학생 개개인에 대한 관심이 적다. 누구의 잘못이 아니라, 단순히 그럴 여유가 없기 때문이다. 그러니 공교육은 표준화된 내용을 학생들에게 가르친다. 공교육의 핵심이 읽고, 쓰고, 계산하는 이른바 3R(3R=Reading, wRiting, aRithmetic)을 중심인 것도 이 때문이다. 학생들은 학교에서 개인 관심사를 접어두고, 시험이 요구하는 과목만 공부하고 이런 환경에서 자라다보니, 자연히 자신이 무얼 좋아하는지 잘 알지 못하는 학생들이 늘어난다. 슬픈 일이다.

재미가 있는 곳에 재능이 있다

재능개발은 어떻게 하는 걸까? 재능은 재미와 연관이 있다. 우리 자녀가 특정한 활동에 재미를 느끼는 것은 그 활동에 대한 재능이 있기 때문이다. 자녀가 재미나게 여기는 활동을 계속하게 하면 재능이 자라게 마련인데, 종종 부모는 자녀가 재미를 느끼는 활동을 폄하한다. 예전에 분당에 있는 잡월드를 간 적이 있는데 직업체험 코너 앞에서 아이와 엄마가 다투고 있었다. 어린아이는 슈퍼마켓 직원 체험을 해보고 싶어하는데 부모는 자꾸 변호사 체험을 하라고 재촉했다. 부모의 마음을 모르는 바 아니지만, 아이 눈에는 법관보다 슈퍼마켓 직원의 일이 재미나 보이는 게 당연하지 않나. 그렇다면 일단 아이가 흥미를 느끼는 체험을 하게 만들어주면서 서서히 관심영역을 넓혀가는 게 적당할 듯한데 부모는 종종 자녀가 재미를 느끼는 활동을 폄하하면서 재능발굴의 기회를 놓친다.

그래도 변호사 체험이 좋다고 하실 분들을 위해 정보를 하나 소개한다. 부모들은 자녀의 지능이 높다면 무척 기뻐한다. 공부를 잘할 테니까 말이다. 그런데 지능이론에 중요한 변화가 있었다. 기존의 지능검사는 언어, 논리-수학, 공간지각 등 논리적 사고 위주로만 이루어졌다. 하지만 하버드 대학교 교육심리학과의 하워드 가드너 교수는 다중지능이론을 제시했다. 다중지능 이론에 따르면, 음악, 시각·공간, 언어, 논리·수학, 신체·운동, 타인관계, 자기인식, 자연, 윤리 지능 등 9개 지능 영역이 있다고 한다. 그의 이론에 따르면 우리는 자녀에게 국어, 영어, 수학만 강요할 일이 아니다.

교육이론이 많이 있지만, 다중지능 이론은 교육계의 중요한 변화를 일으킨 이론으로 여겨진다. 하지만 일부 사람들은 그의 다중지능 이론이 사실은 재능에다 새로운 이름을 붙인 것에 지나지 않다고 비판하기도 했다. 이러한 비판에 대해 하워드 가드너 교수는 당당하게 말했다. "맞습니다. 하지만 이제껏 아무도 재능을 지능이라 부르지 않았고, 나는 지능이라고 부릅니다. 그게 남다른 점이지요." 물론 정확히 이렇게 말한 것은 아니지만, 이런 취지로 말했다는 말이다. 참으로 넉살 좋은 배짱이다.

가드너 자신의 삶도 다중지능이론에 부합한다. 그는 교육학자이지만 15세 때부터 11년간 피아노 교사로 활동할 정도로 피아노 연주를 사랑했다. 부모는 그에게 공부만 하라고 강요하지 않았고, 피아노에 대한 그의 재능을 인정하고 격려했다. 이러한 부모의 가정교육에 힘입은 덕분일까? 하워드 가드너는 피아노 연주도 사랑했지만, 다른 공부도 즐겨 했다. 성인이 되어 그는 사회과학 연구분야에서 경력을 쌓아 하버드 대학교수가 되었다. 다중지능이론에 걸맞은 삶을 산 하워드 가드너는 사실 독일에서 건너온 유대인 이민 2세이다. 어쩌면 하워드 가드너 교수가 자신만의 독특한 이론을 구축할 수 있었던 것도 유대인 가정교육의 힘 덕분일 수 있다.

유대문화는 학자에게 큰 존경을 표할 뿐 아니라 학자가 아닌 사람들의 가치도 인정한다. 성경에는 영적 지도자가 아닌데도 상세하게 소개된 기술자들이 있다. 예를 들어, 이집트를 탈출한 이스라엘 백성들은 하나님이 주문대로 회막을 만들었는데 이때 기술자에 대해서도 칭찬을 아끼지 않았다. 성경은 하나님이 그들의 뛰어난 손재주를 인정하시고, 그들의 수고에 기뻐하시며, 그들에게 지혜와 총명과 지식과 온갖 기술을 허락하셨다고 말한다.

주님께서 모세에게 말씀하셨다. "보아라, 내가, 유다 지파 사람 훌의 손자요 우리의 아들인 브살렐을 지명하여 불러서, 그에게 하나님의 영을 채워 주어, 지혜와 총명과 지식과 온갖 기술을 갖추게 하겠다. 그가 여러 가지를 생각하여, 그 생각한 것을 금과 은과 놋으로 만들게 하고, 온갖 기술을 발휘하여, 보석을 깎아 내는 일과 나무를 조각하는 일을 하게 하겠다. 분명히 나는 단 지파 사람 아히사막의 아들 오홀리압이 브살렐과 함께 일하게 하겠다. 그리고 기술 있는 모든 사람에게 지혜를 더하여, 그들이 내가 너에게 명한 모든 것을 만들게 하겠다. (출 31:1~6)

창조주 하나님은 사람들에게 다양한 재능을 주셨고, 하나님을 위해 재능을 사용한 사람들을 기억하셨다. 그러니 다양한 재능을 가진 청소년에게 공부 한 가지만 잘하라고 요구하는 것은 하나님의 뜻에 맞지 않는다. 신앙을 가진 부모들은 이 점을 기억하고 자녀가 하나님이 주신 재능을 발견하도록 도와주어야 한다.

재능을 발굴하고 키우는 방법

자녀가 자신 안에 담겨진 하나님의 선물을 찾도록 돕는 방법을 알아보자. 전문기관에 도움을 받을 수도 있지만, 다른 가정도 시도할 수 있도록 우리 가정이 사용했던 방법을 소개하고 싶다. 재능개발은 3단계로 진행되는데, 재능을 발굴하고, 롤모델을 찾아 동기를 심어주고, 지속적으로 성장하도록 격려하는 단계다.

1단계 - 재능발굴 단계

재능은 분명 재미와 연결되어 있다. 재미는 우리가 어떤 활동에 몰두할 때 느끼는 즐거운 감정으로 이 감정은 강제로 만들 수가 없고, 누구나 스스로 경험을 통해서 찾아낼 수 있다. 재미를 더 자주 느끼는 사람은 자신의 재능에 어울리는 활동을 한다고 할 수 있는데, 부모가 이를 도와주려면 자녀가 언제 재미를 느끼는지 관찰해야 한다. 우리 가정은 재능을 찾아준다는 체험서비스를 거부하는 편이다. 재미나지 않으면 장사가 망할 것이기에 상업화된 체험서비스는 무엇을 하건 다 재미나게 느껴져서 무엇이 진짜 재능인지 구분하기가 힘들기 때문이다. 그대신 우리 가정은 아이들이 지루함을 느낄 정도로 아무 것도 시키지 않고서 아이들은 스스로 놀 거리를 찾도록 방치한다. 아이들이 무언가에 흥미를 보이면 칭찬과 격려를 하면서 지켜보았더니, 현민이는 종이접기에, 해민이는 수학에 재능이 있다는 걸 발견할 수 있었다. 역설적이지만 사실이다. 아이들을 지루하게 만들면 스스로 놀거리를 찾아낸다.

2단계 - 동기부여 단계

자녀의 관심분야와 재능이 분명해지면 롤모델을 찾아본다. 자녀가 스스로 롤모델을 찾아내는 일은 다소 어렵기 때문에 이때는 부모가 도와주어야 한다. 무엇보다 중요한 것은 부모가 자녀를 대신해서 모든 것을 직접 해버리면 안 된다. 현민이가 서울대공원에 편지를 썼던 때에도 내가 주소를 찾고 편지를 보내는 일을 해주었지만, 편지를 쓰는 활동은 온전히 현민이 몫이었다. 이 부분은 다음에 상세히 설명하겠다. 롤모델에게 편지를 쓴다고 해서 항상 답장을 받는 것은 아니지만 자녀가 롤모델을 찾고 편지를 쓰는 과정에서 능동적인 태도를 배울 수 있다. 롤모델로 꼭 대단한 사람일 필요는 없고, 학부모들이 서로의 자녀에게 롤모델이 되어주는 것도 좋다. 자녀들로서는 롤모델을 만나서 직접 배우는 것만큼이나 롤모델에게 연락하는 과정 자체가 큰 성취감을 준다. 경험에 비추어보면, 아이를 위해 롤모델을 찾아내고 연락하는 과정에서 부모도 큰 깨달음을 얻게 되고 이 모든 과정이 자녀에게 강력한 동기를 심어준다.

3단계 - 지속성장 단계

어느 정도 자녀의 재능이 성장하면, 좀 더 높은 수준으로 도약할 수 있도록 자신을 개발할 기회를 주어야 한다. 여기에는 두 가지 방법이 있다. 하나는, 점점 더 어려운 수준에 도전하여 성취감과 능력을 더하는 방법이다. 모든 전자게임이 이 방법을 쓰는데, 게임 한 단계, 한 단계를 넘어갈수록 더 어려워지는 것은 게임설계의 상식이다. 이처럼 높은 수준에 도전하는 것은 확실한 효과를 기대할 수 있는 방법이다. 또 다른 방법은, 다른 사람을 가르치면서 배운 내용을 심화하는 방법이다. 사람들은 종종 다른 사람에게 가르칠 때 그 내용을 정확하게 이해하므로 자녀에게 알고 있는 것을 친구나 동생을 가르쳐보라고 하면 여러 면에서 좋은 경험과 훈련이 된다. 현민이가 14세부터 초등학생을 대상으로 종이접기 수업을 진행한 것도 바로 이런 효과를 기대한 선택이었다.

우리나라는 인문계 고등학교 졸업생의 약 70%가 대학에 진학할 정도로 학구열이 높지만 자신의 꿈을 명확하게 인식하는 젊은이는 많지 않다. 공부는 하는데 꿈이 없다는 것은 참으로 슬픈 현실이다. 이 과정에 부모가 개입해야 한다. 자녀를 학교에 보낸 것으로 책임을 다했다고 말해서는 안 된다. 훗날 하나님은 우리 자녀에게 물어보실지도 모른다. 그때 우리 아이들이 이런 대화를 하지 않게 되길 바란다.

"아들아, 너는 내가 준 내 선물은 마음에 들더냐?"

"무슨 선물이요?"

"너에게 준 재능 말이다."

"저에게 어떤 재능을 주셨나요? 저는 공부도 시원치 않아서 늘 구박만 받았는데……."

"그러면 넌 내가 준 선물의 포장도 풀지 못했단 말이냐?"

여러분은 이 시대의 풍조를 본받지 말고, 마음을 새롭게 함으로 변화를 받아서, 하나님의 선하시고 기뻐하시고 완전하신 뜻이 무엇인지를 분별하도록 하십시오. (롬 12:2)

성경은 우리에게 여러 모로 세상의 방식과 달리 살라고 가르친다. 나는 로마서를 읽으면서 진정한 신앙은 구원에 대한 확신을 넘어서 삶 전체의 변화를 내포한다고 믿는다. 우리가 세상의 풍조에 의도적으로 저항하지 않는다면 우리는 자본주의가 기대하는 삶으로 내몰릴 수밖에 없다. 그리고 우리 자녀는 자신의 내면에 담긴 재능을 찾아 발굴하기보다는 외부에 널린 재산을 모으는 삶으로 내몰릴 수밖에 없다. 부모가 깨어나야 할 때다.

chapter 03

지루함이라는 긍정적 자극

    자녀의 재능을 발굴하기 위해 자녀를 지루하게 방치한다는 말은 무척 낯설게 들릴 것이다. 우리 가정도 실천을 통해 확신을 얻기까지는 믿기 어려웠다. 우리 주변에는 끊임없이 아이들에게 자극을 주어야 한다고 믿는 부모들이 많다. 자녀가 잠시라도 지루함을 느끼면 부모가 책임을 다하지 않은 듯 안절부절못하기도 한다. 이런 부모들은 유아용 교구업체의 손쉬운 먹잇감이 된다.

    교구업체들은 아이가 세 살이 되면 원목 장난감을 사 주고, 다섯 살이 되기 전에는 영어 노래가 흘러나오는 책을 사주고, 초등학교 마치기 전에는 영어캠프에 보내라고 한다. 부모가 자녀에게 해주어야 한다는 일들의 목록에 정말 중요한 것이 빠졌다. <u>**자녀가 지루한**</u>

나머지 스스로 무언가를 시작할 수밖에 없을 정도의 여유시간을 주는 것 말이다. 특히 창의성이 강조되는 시대에는 지루함이야말로 정말 중요한 자극이다.

지루함은 재능을 발굴하는 자극제

사람들은 누구나 아무 할 일이 없으면, 자신이 할 수 있는 활동 중에 재미난 것을 하게 된다. 사람들은 종종 자신이 잘하는 활동에서 재미를 느끼기 때문에, 지루한 시간에 하는 활동은 재능을 가리키는 나침반이다. 잘 달리는 아이들은 축구를 선호하고, 손동작이 섬세한 아이들은 찰흙으로 로봇을 만들고, 음악적 재능이 있는 아이는 노래를 부르거나 춤을 추고, 미술 감각이 있는 아이들은 만화를 베껴 그린다. 언어 재능을 가진 아이는 끝말잇기와 단어 퍼즐을 풀고, 수학적 재능을 가진 아이들은 곱셈놀이를 한다. 이처럼 지루한 시간은 우리 스스로 재능을 발견하는 절호의 기회다. 지루함 속에서 재능을 발굴한 인물로 다윗을 빼놓을 수가 없는데, 다윗은 청소년 시절에 적군 돌팔매질 한 방으로 골리앗을 쓰러뜨려 국가적 영웅이 되었다.

드디어 그 블레셋 사람이 몸을 움직여 다윗에게 점점 가까이 다가오자, 다윗은 재빠르게 그 블레셋 사람이 서 있는 대열 쪽으로 달려가면서, 주머니에 손을 넣어 돌을 하나 꺼낸 다음, 그 돌을 무릿매로 던져서, 그 블레셋 사람의 이마를 맞히었다. 골리앗이 이마에 돌을 맞고 땅바닥에 쓰러졌다. 이렇게 다윗은 무릿매와 돌 하나로 그 블레셋 사람을 이겼다. 그는 칼도 들고 가지 않고 그 블레셋 사람을 죽였다. (삼상 17:48~50)

어떻게 이런 일이 가능했을까? 다윗은 평소에 수없이 돌팔매질 연습을 했다. 양 치러 나간 동안에 딱히 할 일이 없었기 때문이다. 사무엘의 지시로 아버지 이새가 다윗을 찾으러 사람을 보냈을 때도 어쩌면 다윗은 돌팔매질을 연습하고 있었을 것이다. 빈 말이 아니다. 《예루살렘 전기》라는 책에는 이런 내용이 나온다. "다윗은 단순히 용감한 소년이 아니라 고대의 '스나이퍼'(sniper)였다." 이집트와 아시리아 벽화를 통해 확인된 바, 고대제국 군대에서 돌팔매 부대는 궁수들 앞에 편제된 특수저격부대였다는 것이다.

지루함이 재능을 발견하는 자극제가 되는 일은 고대에만 한정되지 않는다. 영화감독 스티븐 스필버그는 어릴 적에 자신이 유대인이라는 이유로 친구들이 잘 놀아주지 않았다. 외로움을 달래기 위해 부모님이 물려준 카메라로 이것저것을 찍어대면서 카메라 놀이에 재미를 붙인 그는 단편 영화를 만들었고, 이것이 그가 영화감독이 된 계기가 되었다고 한다.

영국작가 J. K. 롤링이 해리포터를 쓰게 된 계기도 지루함이었다. 1990년 여름, 맨체스터에서 런던으로 향하는 열차가 무려 4시간이

나 지연되는 사고가 발생했다. 열차 안에서 공상에 빠진 롤링은 마법 학교에 다니는 소년 '해리 포터'와 '론', '헤르미온느'를 상상했고, 그날 밤 롤링은 집으로 돌아가 소설을 쓰기 시작했다. 〈해리포터 시리즈〉가 시작된 것은 작가가 지루함을 느꼈기 때문이다. 이처럼 지루함은 종종 재능을 발굴하는 자극제가 된다.

스마트폰을 멀리 두면 스마트해진다

지루함의 가치를 깨달은 사람에게도, 여전히 지루함은 불편한 느낌으로 다가온다. 현대 사회는 결벽증 환자처럼 지루함을 싫어해서 우리를 끊임없이 뭔가를 생각하고 뭔가에 자극 받도록 부추긴다. 스마트폰은 이러한 시대적 트렌드에 딱 들어맞는 기계다. 사람들은 지하철을 기다리는 짧은 시간에도 스마트폰을 꺼내 소식을 주고받거나 뉴스를 읽고 웹툰을 즐긴다. 스마트폰은 내가 어디에 있건 순식간에 나를 사무실로 데리고가서 이메일에 답하게 만들고, 눈 깜짝할 사이에 아이들을 PC방으로 데려간다.

지루함을 통해 재능개발 기회를 발굴하려면 무엇보다도 스마트폰을 멀리 두어야 한다. 스마트폰 게임은 처음부터 말초적 재미를 주기 위해 만들어진 상품이기 때문에 누구라고 재미를 느낄 수밖에 없다. 마치 콜라와 사이다를 마시고 나면 과일의 단맛을 못 느끼는 것처럼, 스마트폰에 익숙해지면 책을 읽거나 공상하는 일은 더 이상 재미나게 느껴지지 않는다.

심심하다는 아이들에게 스마트폰을 주는 것은 참으로 현명하지 않은 행동이다. 지루함을 다루는 능력이 사라지는 악순환에 빠지기 때문이다. 지루함을 다루는 능력이 부족한 아이들은 부모에게 조르고 부모는 별 생각 없이 스마트폰을 넘겨준다. 아이들은 고강도 자극에 노출되고 점점 중독된다. 스마트폰에 중독될수록 여유시간의 지루함을 다루는 능력은 줄어든다. 아이들은 다시 부모를 조른다.

여기에 주목해야 할 실험이 있다. 센트럴 랭카셔 대학교에서 흥미로운 실험결과를 내놓았다. 창의성을 일깨우는 요소를 찾던 연구팀은 80여 명의 실험참가자를 두 그룹으로 나눈 뒤, 한 팀에게는 15분간 전화번호를 옮겨 적는 따분하고 지루한 작업을 시켰다. 이후에 각 사람에게 두 개의 컵으로 할 수 있는 창조적인 일을 해보라는 과제를 제시하자 지루한 작업을 했던 사람들이 바로 과제를 수행한 사람들보다 더 다양한 아이디어를 만들어냈다. 지루한 작업을 선행하면 생각이 깨어난다는 말이다.

두 번째 실험에서는, 전화번호를 눈으로 읽는 그룹을 추가했다. 그러자 손으로 전화번호를 옮겨 쓴 사람들보다도 눈으로만 읽는 사람들이 더 창의적인 결과를 냈다. 수동적이고 지루한 작업을 할수록 우리의 뇌는 창의적 작업을 할 준비를 갖춘다는 의미다. 연구팀은 "많은 사람이 지루함을 부정적인 감정으로 해석하지만 오히려 긍정적인 면이 많다."면서 "이 시간은 '죽은 시간'이 아니라 어떤 행동을 하기 위한 수많은 생각을 떠올리는 시간"이라고 설명했다. 이것이 바로 지루함이 주는 '혜택'이다.

우리 아이들은 스마트폰이 없고 다만 중학생 큰 아들만 폴더폰을 가지고 있다. 홈스쿨 초기에 아이들에게 내 스마트폰을 주지 않자 아이들은 몸을 배배 꼬기 시작했다. 특히, 식당에서 스마트폰 금단 증상이 심했다. 그렇게 3개월을 견디자 아이들은 스스로 이런저런 놀이를 시작했다. 예를 들어, 식당에서 종이를 접어 긴 고깔을 만들더니, 손가락마다 끼우고서 괴물흉내를 내면서 놀았다. 역설적이지만, 스마트폰을 멀리 두면 스마트해진다.

그렇게 놀다가 드디어 첫째 현민이는 재능을 발굴했다. 현민이는 10세부터 정교한 종이접기에 빠지더니, 이듬해가 되자 수업 중에도 종이를 접을 정도로 종이접기에 몰두했다. 11세가 되자 종이접기 컨퍼런스에 참가하고, 읽지도 못하는 외국 책을 사다가 그림만 보고 어려운 종이접기를 익혔다. 12세가 되자 인터넷에서 종이접기 전개도를 구해서 종이접기 학원 선생님을 난감하게 만들었다. 드디어 13세가 되어서는 초등학생들에게 종이접기 수업을 시작했다.

둘째 해민이는 10세가 되던 해에 기타를 사달라고 조르기 시작했다. 작은 몸에 기타를 시작하면 몸이 뒤틀릴 것을 염려하여 일단 피아노를 가르쳤다. 어느 날 친구가 바이올린 연주하는 것을 보더니, 이번에는 바이올린을 사달라고 졸랐다. 2주간 매일 1시간 이상 피아노를 연습하여 열정을 증명하면 바이올린을 사주겠다고 약속했더니 해민이는 결국 바이올린을 얻어냈다. 힘들게 얻어낸 기회여서 그런지 해민이는 1년이 넘도록 바이올린을 포기하지 않고 연습하고 있다. 만약 우리 가정이 아이들에게 스마트폰을 쥐어주었다면 지금처럼 아이들의 재능을 발견할 수 있었을까? 그렇지 않았을 것이다.

대개 부모들은, 자녀가 종이접기나 악기연주보다 영어나 수학 등에 재능이 있기를 원해서 조기교육 차원에서 어린 자녀를 학원으로 내몰곤 한다. 아이가 어릴 적에는 부모가 시키는 대로 하겠지만 나이가 들어서도 그렇게 하리라는 보장은 없다. 오히려 부모의 결정에 의존하는 아이들은 자신의 적성이나 재능이 무엇인지 모른 채 자라나게 된다. 동년배 아이들이 하는 전자게임을 모른다고 해서 자녀의 지적 능력이 부족해질까 염려할 필요가 전혀 없다. 우리 아이들은 스마트폰도 TV도 없는 환경에서 잘 자라고 있다. 아이돌 그룹의 근황을 모르고, 지난 밤 프로야구에서 누가 이겼는지 모르는 것이 시대에 뒤지는 것이라면, 나는 기꺼이 우리 아이들을 구식으로 키울 용의가 있다.

아무런 할 일이 없는 지루한 시간은 부모가 줄 수 있는 큰 축복이고 그 시간을 통해 아이의 생각이 자란다. 어느 날인가, 딱히 할 일이 없던 현민이가 수학문제를 풀다가 했던 말이 기억난다. 그다지 수학을 좋아하지 않던 아이가 한 시간이 되도록 묵묵히 공부하는 모습이 기특해 간식을 가져다주었더니, 그제야 현민이가 입을 열었다.

"엄마, 공부마저 없었다면 세상은 참 재미없겠어요."

현민이가 정말 지루했나 보다.

chapter 04

꿈을 꾸는 사람, 꾸물대는 사람

'몸이 천냥이면 눈이 구백냥'이라는 말이 있다. 그만큼 눈이 중요하다는 말이다. 눈은 흔히 마음의 창, 마음의 등불로 불린다. 우리 모두는 눈으로 무얼 보느냐가 심리상태, 지식수준에 큰 영향을 미친다는 사실을 잘 알고 있다. 예수님도 눈을 깨끗하게 유지하는 것에 대해 분명하게 말씀하셨다.

"눈은 몸의 등불이다. 그러므로 네 눈이 성하면 네 온 몸이 밝을 것이요, 네 눈이 성하지 못하면 네 온 몸이 어두울 것이다. 그러므로 네 속에 있는 빛이 어두우면, 그 어둠이 얼마나 심하겠느냐?" (마 6:22~23)

눈으로 보는 것을 조절할 수 있다면 우리는 인생 여정에서 운전대를 잡고 있는 셈이다. 당연히, 자녀교육에 관심을 가진 부모는 자녀가 무엇을 보고 있는지 관심을 가지고 고민해야 한다. 학교에서도 현지답사, 체험 프로그램 등을 늘리면서 학생들이 다양한 것을 보고 경험할 수 있도록 배려하고 있어서 감사하다. 하지만 그 어떤 것보다도 청소년들에게 도움이 되는 자극은 역시 사람이다. 꿈을 꾸는 사람에게는 그 꿈을 이룬 사람을 만나는 것만큼 흥분되는 일이 없다. 청소년들의 의욕을 키우고 지속적인 동력을 얻기 위해서는 그들이 롤모델을 만나게 도와주어야 한다. 하지만 많은 청소년이 롤모델을 만나면서 꿈을 꾸는 대신, 집과 학원 사이를 오가며 꾸물대고 있으니 참 안타까운 일이다.

믿음은 듣는 데서 오고 의욕은 보는 데서 온다

성경은 인류역사상 물 위를 걸었던 사람이 둘이라고 말한다. 한 명은 예수님이고 또 한 명은 베드로다. 누구보다도 물의 성질을 잘 알고 있는 어부 베드로가 어떻게 물 위를 걷겠다는 무모한 생각을 하게 되었을까? 간단하다. 물 위를 걸어가는 예수님을 보았기 때문이다. 사람은 눈으로 보면 꿈을 꾸기 시작하고 의욕을 느낀다. 믿음은 말씀을 듣는 데서 오고 의욕은 보는 데서 온다.

이른 새벽에 예수께서 바다 위로 걸어서 제자들에게로 가셨다.

제자들이, 예수께서 바다 위로 걸어오시는 것을 보고, 겁에 질려서 "유령이다!" 하며 두려워서 소리를 질렀다. [예수께서] 곧 그들에게 말씀하셨다. "안심하여라. 나다. 두려워하지 말아라." 베드로가 예수께 말하였다. "주님, 주님이시면, 나더러 물 위로 걸어서, 주님께로 오라고 명령하십시오." 예수께서 "오너라!" 하고 말씀하셨다. 베드로는 배에서 내려, 물 위로 걸어서, 예수께로 갔다. (마 14:25~29)

산업화 이전 사회에서는 자녀가 주변의 어른들을 보면서 배울 기회가 많았다. 어른들은 자녀가 부모의 일터에 찾아와 배우는 것을 허락했고 장려했다. 농경사회, 목축사회에서 청소년은 십대에 이미 물을 긷고, 양을 치면서 책임감과 협동정신을 배웠지만 산업화 시대에 청소년은 부모, 어른에게서 분리된 채 그들만의 세상에서 살고 있다. 그러다 보니 만날 수 있는 어른은 한정되고 또래집단에서 롤모델을 찾게 되는데, 종종 이 또래 롤모델은 어른 흉내를 내는 얼치기 영웅들이다.

2013년 한 청소년문화단체 설문조사에 의하면, 롤모델이 있느냐는 질문에 고등학생의 52%만 그렇다고 답했다. 그나마 그렇다고 답한 학생들 중에 부모를 롤모델로 보는 경우는 거의 없다. 참 슬픈 일이다. 이 부분에서는 부모의 책임이 크다. 부모들은 종종 자녀에게 직업을 즐기기보다는 견디고 있는 모습을 보여주면서 가끔씩 자조적으로 이런 농담도 한다.

"생각해봐라. 그 일이 재미나면 돈을 주면서까지 시키겠냐? 재미없는 일이니까 돈 주면서 시키는 거야."

주변 어른에게서 롤모델을 찾지 못하는 청소년은 TV를 보면서 롤모델을 찾고 자연스럽게 아이돌 가수를 흠모하게 된다. TV에 비추어지는 아이돌 가수들은 직장 일에 시달려 지쳐있는 부모들과 달리, 하나같이 멋지고, 예쁘고, 자신의 일을 열정적으로 사랑하고, 그 길을 걷기 위해 수년간의 고통스런 훈련도 마다하지 않는다. 이만큼 멋진 롤모델이 또 어디 있겠는가.

나는 가수나 프로게이머, 스포츠 선수라는 직업 자체에 문제가 있다고 말하지 않는다. 다만, 청소년들이 몇 가지 직업에서만 롤모델을 찾는 것이 걱정이 되고, 꿈이 다양하지 않다는 것 자체가 이미 건강하지 않다는 증거다.

용기가 있어야 롤모델을 만난다

세 아들에게 자신의 일을 사랑하는 멋진 어른들을 많이 보여주고 싶어서 내 친구들을 만나는 자리에 아들을 종종 데리고 갔다. 또 아버지인 내가 어떻게 일하는지 보여주고 싶어서 강의하는 곳에도 데리고 갔다. 현민이는 그렇게 어릴 적부터 나와 내 친구들을 만났다. 하지만 조금은 모자랐는지 내 친구들 중에는 아들의 롤모델이 없었다.

2013년 가을, 나는 현민에게 어떤 사람을 만나보고 싶은지 물어보았다. 대뜸 제인구달의 이름이 나왔다. 제인구달은 현존하는 최고의 침팬지 연구자로 현재 아프리카에 살고 있다. 이 녀석은 한 번도 내 일을 쉽게 만들어주질 않는다. 그래서 우리나라에서 만나고픈 사람은 누구냐고 다시 물었다. 잠시 고민하던 현민이는 동물원장을 만나고 싶다고 했다. 서울대공원의 동물원장? 그 정도면 도전해 볼 만하지. 나는 아들에게 직접 편지를 쓰게 한 뒤 우편으로 보냈다. 3주가 넘어가도록 아무 소식이 없어 포기하려던 참에 연락이 왔다.

"현민이 아버님이시죠?"

"예, 맞습니다. 누구신가요?"

"여기는 서울대공원장실입니다. 현민군이 보낸 편지를 보고 연락드립니다."

우아, 정말로 연락이 왔다! 이리 기쁠 수가 있나. 애써 차분한 목소리로 전화에 응대했다.

"그런데 아버님. 현민군이 편지를 잘못 보냈어요. 동물원장님한테 쓰신 편지를 대공원장님께 보내셨네요."

아차, 이를 어쩌나. 3주간의 기다림이 이렇게 날아가는 걸까? 대공원장의 비서가 다음 말을 이어갔다.

"일단 대공원장님이 현민군의 편지를 읽으셨고요. 한 번 만나기를 희망하십니다. 언제가 가능할까요?"

알고 보니, 편지를 잘못 보낸 것도 행운이었다. 동물원장은 수의

사 출신의 동물전문가지만, 대공원장은 동물원과 대공원 전체를 책임지는 행정전문가였다. 문화예술 기획가 출신의 대공원장은, 마침 시민이 참여하는 동물원 운영을 꿈꾸고 있었다. 또 한 번 하나님의 도움을 느끼는 순간이었다. 첫 만남에서 안영노 대공원장은 노정래 동물원장과 함께 현민이와 친구 재호를 환영해주었다. 동물을 사랑하고, 동물원을 좋아하는 어린이를 보니 기쁘다면서, 앞으로도 종종 어린이의 시각에서 동물원에 조언을 해달라고 했다. 이건 또 무슨 말인가, 지속적인 조언을 해달라니……, 사연은 이러했다.

대공원장은 과천 대공원 산하 어린이동물원에서 활동할 어린이자문단을 구상 중이었다. 하지만 전례가 없는 일이어서 동물원 관계자들은 난색을 표했다. 어떻게 동물원 직원들을 설득할까 궁리하던 대공원장은 현민이의 편지가 마치 행운의 편지처럼 반가웠다고 했다.

2014년 서울대공원 동물원 방문한 날

이렇게 시작한 인연으로 현민이는 서울대공원 어린이동물원의 제1기 어린이위원회에서 2014년 1년간 활동했고 2015년에는 1기 졸업생으로 구성된 청소년자문단으로 활동했다.

이 일을 계기로 우리 가정은 용기를 얻어 만나고픈 사람들에게 편지를 쓰기 시작했고 의외로 답장이 잘 왔다. 한 번은 인터넷에서 종이접기 Origami라는 단어로 검색하다가 DNA Origami라는 연구 분야를 알게 되었다. 유전자 수준에서 원하는 형태로 DNA를 접는 기술을 개발했다는 기사 안에는 한국인 이름이 보였다. Dr. Woo, Sung Wook. 하버드대학 연구팀원이라는 우성욱 박사님에게 편지를 썼다. 일면식 없는 사람에게서 온 이메일에 누가 답장을 하랴 싶었는데, 감사하게도 우성욱 박사는 답장을 보내주었다. 자신의 연구분야가 아직 널리 알려지지 않았는데 한국에서 연락이 왔다는 사실에 무척 놀라는 눈치였다. 우성욱 박사의 답장에 용기를 얻은 우리 부자는 또 한 번 도전했다.

2014년 12월에는 서울대학교 부속 동물병원의 조영광 박사를 만났다. 우리 가정이 홈스쿨링을 한다는 점을 유심히 듣던 직장동료가 동물연구를 하는 동생을 소개시켜 주겠다고 해서 냉큼 감사하다며 약속을 잡았다. 조영광 박사는 동물병원의 산과에서 전공의로 일하면서 개를 비롯한 덩치 큰 동물들의 출산과 건강을 담당하고 있었다. 조영광 박사는 현민이를 상대로 무려 1시간 넘게 최근 동물학 연구의 트렌드를 차근차근 설명해주었다. 현민이의 질문에도 친절하게 답을 해주었는데, 덕분에 나까지 세계적 동물연구의 흐름을 이해할 수 있었다. 마지막으로 아이들은 세계 최초의 복제견 스너피와 유전자 조작으로 분홍색 피부를 가진 강아지 매직을 만날 수 있었다. 조영광 박사는 개인적인 이야기까지 섞어가면서 현민에게 인생의 조언을 해주었다.

조 박사의 조언은 대략 이랬다.

첫째, 자기가 잘하는 영역에서 재능을 발견하라!

내가 현민이 나이였을 때 방학 동안 자동차를 만들어 제출했어. 두 달 동안 사과상자의 나무판을 자르고 다듬어 만들었지. 방학숙제도 아니었지만, 내가 방학 동안에 무엇을 해냈는지 선생님께 보여드리고 싶었거든. 개학 날, 선생님은 내 자동차를 보고 무척 놀라셨고, 나중에는 그 자동차로 상까지 받았단다. 나는 그 경험을 통해서 나에게 손재주가 있다는 것을 깨달았어. 현민이도 무엇을 잘하는지 생각하고 그 안에서 재능을 발견하면 좋겠구나.

둘째, 가르칠 때 제일 잘 배운다는 것을 기억하렴!

나는 예나 지금이나 생물학을 정말 좋아해. 그래서 고교 1년생 시절에 이미 고등학교 2,3년 과정에서 배울 생물학을 독학으로 마쳤지. 이를 아신 선생님은 가끔 내게 수업을 진행하라고 시키셨어. 같은 반 친구들에게 수업을 진행하면서 나는 내용을 더 확실하게 알게 되었어. 혼자 공부하는 것으로는 충분하지 않단다. 알고 있는 내용을 말과 글로 표현하면 내용에 대한 이해가 깊어지기 때문에 일부러라도 친구와 동생들을 가르쳐보길 바란다.

셋째, 미래를 생각해라!

　고등학생 시절에, 나는 손재주를 이용해 돈도 벌고 훌륭한 사람이 되고 싶었어. 의사가 될까 생각도 했지만, 20년 후를 생각해보니 수의사가 더 좋다고 생각했어. 의사는 이미 많고 지원자도 많잖아. 내가 대학에 도전했을 때에는 수의사는 그다지 인기 있는 직업이 아니었단다. 하지만 지금은 각종 동물연구를 하는 직업으로 주목 받고 있어. 동물연구는 의사들이 하지 않거든. 그러니 현재 인기 있는 직업이 아니라, 20년 후에 인기 있을 직업을 찾으렴.

　이 자리를 빌어 안영노 대공원장, 노정래 동물원장, 우성욱 박사, 조영광 박사에게 감사의 인사를 전한다. 자신의 일을 사랑하는 멋진 어른들을 만나면서 현민이는 건강한 목표의식을 갖기 시작했다. 먹고살기 위해 억지로 일해야 하는 것이 아니라, 자신의 열정을 쏟을 수 있는 멋진 일을 찾아갈 궁리를 하기 시작했다. <u>많은 청소년은 여전히 꿈을 꾸는 대신 꾸물대며 산다. 꿈을 꾸는 사람들은 세상을 변화시키지만 꾸물대는 사람은 숨을 허덕이며 변화를 간신히 쫓아간다. 아이들에게 롤모델을 보여주고 만나게 해주자.</u>

chapter 05

칭찬과 체험으로
재능을 성장시키다

송나라의 어떤 농부가 자신이 심어 놓은 모가 빨리 자라지 않는다고 안달이 났다. 그는 이런저런 고민 끝에 한 가지 방법을 생각해내고 아침일찍 집을 나갔다. 저녁 때 농부가 뿌듯한 얼굴로 집에 돌아와 모가 오늘 한 뼘이나 자랐다고 자랑했다. 가족이 이유를 물으니 농부는 모를 하나씩 잡아당겨서 늘려주었다고 답했다. 농부의 답에 깜짝 놀란 가족이 논으로 달려가 봤더니 모가 전부 말라서 죽어있었다. 과한 욕심과 어리석음의 대명사가 되어버린 농부의 이야기는 고사성어 발묘조장(拔苗助長)의 배경이 되었다. 우리가 흔히 '부추긴다'는 의미로 쓰는 조장(助長)은 이렇게 만들어진 단어다.

생물이 어서 자라길 바란다고 해서 억지로 늘리면 사고가 나기 마련이다. 모를 잡아당기면 말라 죽고 소에게 고기사료를 먹이면 광우병이 발생하듯, 자녀의 특성을 모르는 채 부모가 자녀를 잡아당기면 자녀는 얼마 못 가서 의욕을 잃고 시들시들해지기 마련이다. 자녀의 성장속도를 감안하여 지속적인 성장을 도모하는 지혜가 필요하다.

앞서서 지루한 시간을 통해 자녀가 자신의 재능을 발굴할 수 있다고 했다. 롤모델을 찾고 만나는 과정을 통해 영감을 얻고 의욕을 갖게 된다는 말도 했다. 이제는 지속적인 성장의 동력을 찾아줄 차례다. 주변 사람들이 적절하게 격려하고 응원하면 사람들은 놀랍게 성장하는데 다윗이 바로 그런 사람이었다. 다윗은 사람들의 잠재력을 끌어내는 탁월한 능력 가지고 있었다. 사무엘하 23장에는 3대 명장을 포함해서 다윗의 용장들이 무려 37명이나 나온다.

다윗의 3대 명장은 다음과 같다. 첫째는 두목인 다그몬 사람 요셉-밧세벳이다. 그는 에센 사람 아디노라는 별명을 가진 사람으로서 한때 800명을 단번에 쳐죽인 일도 있었다. 다음은 아호아 사람 도도의 아들인 엘르아살이었다. … 그 다음은 하랄 사람 아게의 아들 삼마였다. … 모두 합하여 서른일곱 명이다. (삼하 23장)

흥미로운 사실은 이 사람들이 사울왕 시대에도 살았던 사람들이라는 점이다. 그러나 사울왕 시대에는 사울왕이 왕권계승을 위해 잠재적인 리더들을 경계했기 때문에 그들은 명장의 반열에 오르지 못했다. 이 성경구절은 어떤 리더를 만나느냐에 따라, 사람들은 명장이 되기도 하고 평범한 군인이 되기도 한다는 것을 보여주는 대목이다. 부모의 역할이란 결국 자녀가 잠재력을 끌어내어 명장이 되도록 유도하는 일이다. 그런데 잠시 자녀에게 영감을 주는 것은 가능하지만, 24시간 계속해서 자녀에게 영감을 불어넣을 수는 없는 일이다. 그렇다면 자녀 스스로 자신의 길을 찾아가도록 격려하는 것은 어떨까?

가르치는 사람이 가장 정확하게 배운다

같은 부모에게서 태어나도 아이들은 참 다르다. 큰 아들 현민이는 유난히 칭찬에 민감한 반면, 압박감에 약해서 어릴 적부터 약간만 꾸중해도 심하게 위축되는 경향을 보여서 훈육하는데 어려움을 겪었다. 나중에 성격유형 검사를 하니, 아니나 다를까 칭찬을 먹고사는 유형이라고 한다. 그래서 칭찬에 대한 EBS 방송을 보고 방법을 연구했다.

EBS방송은 두 그룹의 학생에게 다른 칭찬을 하면서 학생들의 수학실력이 어떻게 변하는지 살펴보았다. "머리가 좋구나."라고 칭찬한 A그룹과 "열심히 풀었구나."라고 칭찬한 B그룹은 두 번째 단계에서 확연한 차이를 보였다. 머리가 좋다고 칭찬받은 A그룹 학생들은 같은 수준 또는 낮은 수준의 질문을 선호했다. 반면, 노력에 대해 칭찬받은 B그룹 학생들은 높은 수준의 질문을 선호했다. 자연히

B그룹의 학생들의 실력이 성장할 수밖에. 더 놀라운 것은 세 번째 단계였다. 첫 단계 수준의 질문을 다시 출제했더니 A그룹의 성적은 낮아졌고, B그룹의 성적은 올랐다.

결국 타고난 지능에 대해 칭찬하는 것은 아이들을 불안하게 만들고 노력을 칭찬하면 더 많은 노력을 이끌어낸다는 것이 방송의 결론이었다. 우리 가정은 이 원칙을 지켜서 아이를 칭찬했다. 어차피 한 부모에게서 난 아이들이니 누구 머리가 더 좋다고 말하는 게 이상하기도 했다. 자연히 성적에 대한 이야기도 하지 않는다. 초등학교 검정고시를 치른 현민이 성적표가 도착했을 때도, 성적은 기대 이상이었지만 우리 부부는 수고했다며, 어린 나이에 성적 때문에 일희일비하지 말라고 말했다. 물론 아들은 그게 무슨 말인지도 못 알아듣는 눈치지만 말이다.

둘째 아들 해민이는 어릴 적부터 도전하고 성취하길 좋아하는 성격을 가지고 있다. 초등2학년 나이에 세 살 많은 형을 상대로 덧셈 문제를 놓고 속셈 대결을 벌일 정도로 도전을 즐긴다. 그 바람에 큰아들 현민이가 힘들어해서 언제부터인가는 둘이 같이 수학 공부를 하지 않게 떨어뜨려 놓아야만 했다. 해민이에게도 칭찬이 통하지만 더 좋은 방법은 어려운 문제를 주고 지켜보는 것이다. 해민이는 얼굴이 빨개질 때까지 문제에 매달렸고 나는 해민이가 한 단계를 통과하면 칭찬하고서 바로 더 높은 단계의 문제를 준다. 이 과정을 해민이가 포기할 때까지 반복하는데 해민이는 이때 엄청나게 행복한 표정을 짓는다. 칭찬이 많지 않아도 문제를 풀어내는 것 자체에 기쁨을 느끼는 해민이는 훈육하기가 쉬운 편이었다. 다만, 도전 욕심이 지나쳐서 주변 사람들, 형이나 동생을 다그치는 경향에 대해서는 엄하게 훈육했다.

세 아들이 공부와 취미생활에서 어느 정도 수준에 오르자 우리 가정은 새로운 도전을 시도했다. 현민이에게 해민이를 가르쳐보라고 주문한 것이다. 내 경험에 비추어보면 가르치는 사람이 그 내용을 가장 잘 기억한다. 상대방이 이해하도록 쉽게 설명하려고 여러 관점에서 주제를 살펴보게 되는데 그 과정에서 생각이 성장하기 때문이다. 현민이는 간단한 수준의 영어수업을 했는데 기대보다 잘 가르쳤다. 심지어 해민이가 엄마에게 찾아와 형이 엄마보다 더 잘 가르쳐 준다고 할 정도였다. 그리 오랫동안은 아니었지만, 아이에게 교사 체험의 기회를 주는 것은 분명 효과가 있었다. 아이들은 종종 부모의 기대수준을 따라오기 때문에 교사의 역할을 맡기면 그 일을 감당할 능력도 배운다.

가르치는 일에 용기를 얻은 현민이는 더 큰 목표에 도전했다. '자원선용'이라는 성품을 공부한 후, 어떻게 실천할지 물었다. 현민이는 재능을 살려 초등생 대상 종이접기 수업을 진행하고 싶다는 당찬 포부를 이야기했다. 현민이가 수업을 하겠다고 제안하니 홈스쿨협회는 신기하게 여기면서도 반겼다. 여태껏 학생이 수업을 진행한 경우가 한 번도 없었지만, 학생들의 반응은 뜨거웠다. 협회는 아내를 담당교사, 현민이를 보조교사로 지정하고 수업을 개강했다. 신청자가 많아서 빠른 시간에 마감되었고 현민이는 여섯 학기째 무난히 수업을 진행했다. 현민이가 수업하는 걸 보더니, 해민이는 자꾸 수업 중에 끼어들어 "이렇게 하면 쉽게 접을 수 있어."라는 식으로 참견했다. 알고 보니, 해민이도 제 형처럼 교사로 활동하고 싶어해서 반을 두 개로 나누었다. 친절한 설명이 필요한 어린 학생들을 현민이가 맡고, 시범만 보고도 따라올 수 있는 학생들은 해민이가 맡았다. 그러자 두 아들 모두 교사로서 즐겁게 수업을 진행했다. 아내는 보조교사로서 수업 준비만 도왔는데, 몇 달 지나자 현민이가 수업 준비까지 도맡아서 진행했다. 교사역할을 하는 동안 현민이의 종이접기 실력은 늘지 않았지만, 어린 동생들을 상대로 가르치고 격려하는 능력은 부쩍 성장했다.

인생을 대리 체험하지 말자

요즘 청소년을 보면 안타까운 마음이 들 때가 많다. 전반적으로 의기소침해져서 의욕을 잃어버린 모습 때문이다. 청년들의 상황도 어렵기는 매 한가지. 그러다 보니 TV에는 대리체험, 관찰예능 프로그램이 넘쳐난다. 몇 해 전까지는 멋지고 예쁜 연예인들이 나와 시청자를 대신해서 데이트를 하더니, 결국 가상결혼을 하기 시작했다. 가상 결혼으로는 실감이 나지 않았는지 곧이어 세 쌍둥이를 극진히 사랑하는 가정적인 아버지가 등장했다. 이제는 전문요리사들이 출

연자들의 냉장고를 뒤져서 갖가지 맛난 요리를 대신 만든다. 이 모든 것이 시청자에게는 대리체험이다. 연애와 결혼을 하고 아이를 낳고 요리를 하는 지극히 일상적인 부분까지도 요즘 청년들에게는 직접 하기에 버거운 일들이 되어버렸기 때문이다.

청소년들도 대리체험에 익숙해져 간다. 심지어 인터넷 게임마저 직접 하지 않고 대리체험을 할 정도다. 학생들은 '대도서관'이라는 ID를 사용하는 게임리뷰 BJ(인터넷 방송 진행자)의 인터넷 방송을 시청한다. '대도서관'은 청소년들이 즐겨하는 게임 영상을 송신하면서 재미난 입담을 늘어놓는다. 그러면 학생들은 게임화면을 보면서 키득거리고 웃는다. 마치 게임을 하는 사람의 어깨 너머 화면을 보는 형국이다.

주부가 요리 프로그램을 보면서 대리만족을 느끼듯이, 청소년은 손가락도 놀리지 않고 게임화면과 중계자의 목소리를 들으면서 대리만족을 경험한다. 이처럼 지극히 소극적인 청소년들의 심리상태에 놀라 나는 가끔 몸서리를 친다. 영화 〈매트릭스〉에서 컴퓨터의 건전지 역할을 하는 사람들을 보고 있는 느낌마저 받는다. 학생들이 입버릇처럼 "몰라요.", "아무 거나요.", "좋은 것 같아요."를 반복하는 것이 이해가 되지만, 마음은 무겁다.

소극적 태도와 무기력에 빠진 청소년들에게 변화가 필요하고, 작은 일이라도 직접 시도해서 성공하는 체험이 필요하다. 부모들이 자녀의 성적이나 성과 대신 노력에 대해 칭찬하면 좋겠다. 부모들은 칭찬하는 방법을 배울 꼭 필요가 있는데 타고난 재능은 칭찬의 대상이 아니다. 그것은 노력의 산물이 아니라, 하나님께서 주신 선물이다. 누군가의 공을 인정하고 싶다면 하나님께 감사의 기도를 하면 된다. 아이가 칭찬받을 것은 노력이므로 부모는 노력에 대해서 칭찬하자. 노력하는 아이는 성장하게 마련이다.

그리고 자녀에게 배우기만 할 게 아니라, 동생이나 친구를 가르쳐 보라고 하는 것도 좋겠다. 흔히 부모들은 자녀가 공부 잘하는 친구랑 어울리기를 좋아하지만 그러면 그 친구의 공부를 돕는 역할만 할 수도 있다. 서로를 가르치는 경험을 할 때 학생들은 배운 것을 확인하고 성장할 수 있다. 부디 우리 자녀들이 즐겁게 공부하고 성장하면 좋겠다.

chapter 06

질문능력이 곧 학습능력이다

내가 일곱 살이던 해 여름날, 아버지가 아이스크림을 사주셨다. 땡볕이 내리쬐던 골목길에서 나는 아버지께 여쭈어보았다.

"아빠, 왜 아이스크림에서 김이 나요?"

"그게 이상하니?"

"이상하죠. 뜨거운 국에서야 김이 나지만, 이건 차가운 아이스크림이잖아요."

그때 아버지는 지금까지도 내가 잊지 못할 귀한 질문을 해주셨다.

"국에서는 왜 김이 나지?"

"그거야, 국에서 나온 뜨거운 수증기가 차가운 공기와 만나면 수증기가 김으로 변하는……"

대답을 하던 중에, 나는 충격을 받고 골목길에 멈추어 섰다. 책을 읽거나 누구의 설명을 들은 것도 아닌데 내 질문에 스스로 답을 찾아내다니! 일곱 살 어린이에게는 엄청난 깨달음이었다. 단지 조금 더 깊게 생각하는 것만으로도 많은 것을 알 수 있었다. 그 일이 있은 지 40년이 지났지만, 나는 지금도 그 일을 선명하게 기억한다. 그리고 그 경험은 이후 나의 공부방식을 결정했다. 그래서일까? 나는 나에게 질문하는 아들에게 쉽게 답을 주지 않는다. 그 때문에 한 번은 아들이 이런 투정을 했다.

"아빠는 질문하라고 하면서, 막상 내가 질문하면 답을 해주지 않아요."

그런 말을 들으면 나는 흐뭇한 마음에 미소를 짓는다. 바로 그렇게 내 아들도 내가 배웠듯이 배우고 있기 때문이다. 흥미롭게도 나의 아버지는 그 일을 기억하지 못하신다. 막상 내게 질문을 하신 분인데도 말이다. 이것 또한 내게 큰 가르침을 준다. 우리는 자신도 모르는 사이에 누군가에게 큰 영향을 줄 수 있다는 점이다.

질문하는 유대인, 꿀먹은 벙어리 한국인

우리의 아버지이신 하나님은 함께 생각하자고 권하신다. 그분은 우리에게 일방적으로 답을 주시기 전에 먼저 차분히 생각해보자고 권하신다.

주님께서 말씀하신다. "오너라! 우리가 서로 변론하자. 너희의 죄가 주홍빛과 같다 하여도 눈과 같이 희어질 것이며, 진홍빛과 같이 붉어도 양털과 같이 희어질 것이다. (사 1:18)

"Come now, let us reason together, says the Lord: though your sins are like scarlet, they shall be as white as snow; though they are red like crimson, they shall become like wool. (Isaiah 1:18)

우리는 '너희의 죄가 주홍빛과 같다 하여도 눈과 같이 희어질 것이며'라는 구절은 잘 안다. 하지만 그 앞 구절의 의미를 지나치는 경우가 많다. '우리가 서로 변론하자'에 해당하는 영어구절은 'let us reason together'로 '함께 이성적으로 생각하자/토론하자'라는 말이다. 이처럼 하나님께서는 우리가 생각하기를 기대하신다. 그래서일까? 유대민족은 가벼운 대화에서도 상대방의 생각을 일깨우는 질문을 잘하는 것으로 유명하다.

"오늘은 학교에서 어떤 질문을 했니?"

유대인 엄마는 학교에서 돌아온 아이에게 무엇을 배웠냐고 묻는 대신 어떤 질문을 했냐고 묻는다. 무엇을 배웠냐고 물으면 자녀의 기억력만 자극하게 된다. 반면, 무엇을 물었느냐고 하면 자녀는 의식적으로 더 자주 질문을 하게 되고 질문을 하려다 보니 더 열심히 공부하고 생각하게 된다. 그 과정에서 자연스럽게 자녀는 수업 내용을 이해하고 어른과 대화하는 법을 배운다. 학교에서는 선생님의 지도 아래 친구와 하브루타 방식으로 공부하고, 집에 와서는 부모의 질문공세에 단련되니 유대인 청소년의 사고능력은 남다르게 자랄 수밖에 없다. 유대인들의 질문 위주 학습법의 효과는 노벨상 수상실적에서 단적으로 나타난다. 전세계 인구의 0.2%에 지나지 않는 유대인들은 노벨상의 20% 이상을 가져간다.

반면, 공부를 많이 하기로 유명한 우리나라의 상황은 어떨까? 우리나라에서는 아이의 질문 기피증과 어른의 질문 거부증이 만나 일방적인 지시와 맹목적 수용의 학습문화를 만들어왔다. 이런 문화는 결정적인 순간에 아주 엉뚱한 결과를 만들어냈다. 2010년 우리나라를 방문한 미국의 오바마 대통령이 기자회견장에서 우리나라 기자들에게 질문기회를 주었는데 순간 정적이 흘렀다. 오바마 대통령은 농담까지 하면서 거듭 질문기회를 주었다. 아무리 돌발상황이라지만, 기자들은 질문을 직업으로 하는 사람들이 아니던가? 아무런 질문을 하지 않다니. 드디어 한 기자가 일어났는데 중국인이었다. 그렇게 해서 우리나라 기자에게 주어진 질문기회는 중국기자가 가져갔다. 학교에서 질문을 허락하지 않는 교육시스템에서 자란 한국인이 학술분야 노벨상을 단 한 번도 받지 못한 것은 결코 우연이 아니다. 질문능력이 곧 학습능력이기 때문이다.

신호등, 마트 주차장도 질문거리

질문을 통한 학습법의 효과를 믿는 나는 세 아들에게 종종 질문을 한다. 한 번은 온 가족이 장을 보러 마트에 갔는데, 3층 주차장에 차를 세우고서 아들에게 물었다.

"백화점 주차장은 지하에 있는데, 마트 주차장은 왜 지상에 있을까?"

세 아들은 차에서 내릴 생각을 하지 않고 갖가지 대답을 내놓기 시작했다. 도통 감을 잡지 못하는 것 같아 내가 살짝 힌트를 주었다.

"마트는 물건을 싸게 파는 곳이잖아. 그래서 주차장을 만들 때도 어떻게 비용을 줄일지 고민한단다. 자, 이게 힌트야. 지상에 주차장을 만들면 지하에 주차장을 만들 때보다 돈이 적게 드는 이유는 뭘까? 자, 차에서 내려서 둘러보자."

차에서 내려 둘러보던 세 아들은 얼마 가지 않아 조명과 환풍장치가 필요하지 않다는 것을 알아냈다. 벽을 뚫어놓았으니 빛도 들어오고 바람도 분다. 스스로 답을 찾아낸 가족은 즐겁게 쇼핑을 시작했다.

한번은 내가 세 아들에게 이런 질문을 던졌다.

"도로를 달리다 보면 볼 수 있는 가로형 신호등 색깔은 왼쪽부터 무슨 색깔이 먼저일까?"

세 아들은 기억을 더듬어 답을 내놓았다. 답을 궁금해했지만 알려주지 않고 다음 질문을 이어갔다.

"답은 조금 후에 알아보기로 하고, 이 질문 생각해봐. 네가 교통 시스템 설계자라면 맨 왼쪽에 어떤 색을 놓을까?"

새로운 질문은 새로운 생각을 유도한다. 세 아들은 더 이상 기억에 의존하지 않고 나름의 논리를 만들었다. 위험을 알리는 빨강을 왼쪽에, 안전을 알리는 초록을 오른쪽에 배치한다는 결론을 내고서 답을 찾아보았다. 검색해보니 정말로 왼쪽부터 빨강, 노랑, 초록이었다. 아이들이 작게 박수를 쳤다. 질문은 계속되었다.

"그런데 왜 빨강을 왼쪽에 두는 걸까?"

아이들은 글씨를 왼쪽부터 쓰기 때문이라고 말했다. 내가 의견을 더했다. 우측통행을 하기 때문에 운전석이 있는 왼쪽에 빨강을 두는 것일 수도 있다고 말이다. 둘 중 어느 것이 맞는지 물어보자, 아이들 눈빛이 흔들렸다. 그래서 이렇게 제안을 했다.

"글씨를 오른쪽에서 왼쪽으로 쓰지만 우측통행을 하는 이스라엘 신호등을 보거나, 글씨를 왼쪽에서 오른쪽으로 쓰지만 좌측통행을 하는 일본의 신호등을 보면 알 수 있겠지?"

세 아들이 고개를 끄덕이더니 진짜 답이 무엇인지 궁금해져서 내 주변에 모여 컴퓨터 화면에 집중했다. 먼저 이스라엘 신호등을 검색했다. 이런! 이스라엘 신호등은 세로로 되어 있었다.

"일본 신호등! 일본 신호등!"

답이 궁금해진 아이들이 바짝 달아올라 내게 재촉했다. 일본 신호등을 검색했다. 화면에 일본 신호등을 나타나자 탄성이 터져 나왔다.

"그랬구나, 우측통행이어서 왼쪽에 빨강이 있구나!"

나는 이런 모습을 자주 본다. 세 아들은 논리적 사고와 간단한 검색을 통해 사물과 현상의 원리를 발견하는 경험에서 희열을 느낀다. 우리 아이들이 별나서 그런 것이 아니고 누구라도 질문하고 궁금해하다가 답을 알아내면 재미를 느낀다. 그래서 공부가 재미나려면 먼저 궁금하게 여기는 마음이 있어야 한다. 교사와 부모가 할 일은 질문으로 궁금증을 일으키고, 또 학생들이 질문하도록 격려하는 것이다. 질문능력이 곧 학습능력이기 때문이다.

검색이 쉬워진 시대, 사색하는 능력을 키우자

어느 날에는 해민이가 타원의 넓이를 구하는 방법을 물어왔다. 타원이라…, 기억이 나질 않았다.

"잘 모르겠는데? 어떻게 구하지?"

해민이가 야릇한 미소를 짓더니 질문을 했다.

"그러면 원의 넓이 구하는 방법은 아세요?"

"물론 알지. 반지름 곱하기 반지름 곱하기 3.14."

"그렇죠. 자, 이제 그걸 이용해서 타원의 넓이 구하는 방법을 생각해 보세요."

어라, 이 녀석 보게. 질문법으로 아버지를 가르치려 드네! 잠시 생각해보니 알 듯했다.

"긴 반지름 곱하기 짧은 반지름 곱하기 3.14?"

"빙고!"

해민이는 내게 잘했다고 엄지를 번쩍 들어올려 주더니 자기 자리로 돌아갔다. 기분이 묘했다. 질문만으로 상대방에게 답을 찾아가게 하는 소크라테스 질문법을 해민이가 나에게 쓰다니……. 어느새 아이가 훌쩍 자랐구나.

스마트폰이 미니컴퓨터 수준으로 발전하면서 이제는 궁금한 것을 쉽게 검색할 수 있다. 그러다 보니, 사람들은 깊게 생각하기보다는 손끝에서 간단히 답을 찾으려고 한다. 모두가 손쉽게 간단한 답을 찾아내기 시작하면, 검색을 통해 찾을 수 없는 정보를 가진 사람이 경쟁력을 갖게 마련이다. 마치 검색의 시대 이전에는 암기능력이 뛰어난 사람이 각광받았던 것처럼 말이다. 그러니 자녀를 지도하는 부모는 일부러라도 자녀의 사색 능력을 길러주어야 한다. 사색이란, 스스로 던진 질문의 답을 찾아내는 능력을 말한다. 지속적으로 좋은 질문을 받은 청소년은 남다른 사색능력을 갖게 될 것이고 사색능력이 자라면 자신이 스스로 질문을 만들어낼 것이다.

chapter 07

질문하는 방법

　질문은 너무도 중요하기에 별도로 한 장을 할애해서 질문법에 대해 이야기를 해드리고 싶다.
　질문은 가벼운 스킬이 아니라, 겸손과 용기를 요구하는 습관이다. 야구의 달인이라 불리는 김성근 씨가 쌍방울레이더스 감독이던 1996년, 당시 롯데 자이언츠 박영길 감독에게 물었다. "4번 타자가 공을 칠 때 자꾸 머리가 돌아가요. 어떻게 고쳐야죠?" 훗날, 박영길 전 감독은 "야구하면서 그런 일은 평생 처음이었다."라고 회고했다. 감독이 다른 감독에게, 특히 경쟁자 관계에 있는 사람에게 모르는 점을 묻는다는 게 결코 쉬운 일이 아닐 것이다. 박영길 씨는 그 일을 통해 김성근 씨가 오랫동안 존경받는 감독이 될 것이라고 생각했다고 한다.

세계 최고는 질문으로 가르친다

　질문을 통해 상대방이 자신의 생각을 의심하게 만들어 결국 진리를 찾도록 가르치는 교육법은 세계 곳곳에서 발견된다. 대표적 사례가 하버드 대학의 케이스(case) 스터디 방식이다. 하버드 법대 교수는 학생들에게 판례를 예습하고 와서 수업 중에 토론하게 만든다. 수업의 핵심은 학생들이 재판사례를 정확하게 암기하는 것이 아니라, '나라면 이렇게 재판을 끌어가겠다.'는 의견을 나누는 것이다. 학생이 의견을 제시하면 곧이어 다른 학생들의 질문이 빗발친다. 학생은 자신의 의견에 대한 증거, 법령, 판례 등을 동원해 대답하는데, 학생들의 질문이 바닥나면 교수까지 나서서 질문공세를 이어간다.

　하버드 법대의 공부법은 곧 경영대학으로 퍼졌다. 하버드 MBA에서 학생들은 자료를 읽고 '내가 사장이라면 어떻게 할까?'를 고민해서 발표한다. 물론 정답은 없고, 얼마나 근거 있는 답을 하느냐가 중요하다. 우리나라 유학생들은 이런 토론 수업에서 적잖이 당황한다. 영어가 능숙하지 않은 것도 문제지만, 정답 없는 토론이 낯설기 때문이다. 우리나라 유학생 한 명이 정답 없는 토론이 무슨 소용이냐고 묻자, 하버드 대학교 교수는 이렇게 말했다고 한다.

　"인생에도 비즈니스에도 원래 정답이란 없는 거네. 하나의 정답이 있다고 생각하는 순간, 그 이상을 생각해내는 창의성을 기대할 수 없지. 틀릴 것을 두려워 말고 여러 가지를 생각해보게."

질문의 요령

질문으로 자녀를 이끌 때 몇 가지 기억할 사항이 있다.

첫째, 질문의 성격과 방향이 답의 성격과 방향을 결정한다는 점이다. 예를 들어, 골수기증자가 부족하여 안타깝게도 환자를 잃는 병원을 생각해보자. 병원이 '어떻게 하면 지금보다 골수기증자를 50% 이상 늘릴 수 있을까요?' 라고 묻는 것은 당연하다. 하지만 그 질문으로는 변변한 답을 찾기 힘들 것이다. 자기 몸에 바늘 꽂기를 싫어하는 사람들을 어떻게 설득한단 말인가. 질문을 살짝 바꾸어보자. '잠재적인 기증자들은 무엇이 두렵거나 걱정이 되어서 골수 기증을 미루는 걸까요? 그런 두려움과 걱정은 어떻게 줄일 수 있을까요?' 이 질문은 기본적으로 잠재적인 기증자가 있다는 것을 전제한다. 사실 대부분의 사람들은 가족이 아프면 골수나 장기를 기꺼이 내놓을 잠재적 기증자다. 이 질문을 통해 사람들은, 억지로 기증자를 만드는 대신 잠재적 기증자를 발굴하는 방법을 떠올리기 시작할 것이다. 기억하자. 질문의 성격과 방향이 답의 성격과 방향을 결정한다.

둘째, 관찰에 기반한 질문이 더 효과적이라는 점을 기억하자. 학교에서 돌아온 자녀에게 다음처럼 묻는다면 어떤 답이 돌아올까?

"아들, 오늘 학교 어땠니?"

십중팔구 이런 답이 돌아온다.

"그냥 그랬어요."

"구체적으로 말해보렴."

"엄마도 학교 다녀봐서 알잖아요. 뭐 대단한 게 있겠어요."

하지만 이런 질문이라면 대화가 풍부해지지 않을까?

"아들, 오늘 네가 좋아하는 체육시간이 있었지? 뭐했니?"

이런 질문을 하려면 두 가지를 미리 알고 있어야 한다. 아들이 체육을 좋아한다는 사실과 아들의 시간표. 자녀를 관찰하는 부모는 좀 더 세밀하고 흥미로운 질문을 할 수 있고, 자녀를 더 쉽게 대화에 끌어들일 수 있다.

셋째, 마법의 질문, '네 생각은 어때?'를 자주 묻자. 이 질문은 자녀가 질문을 해올 때 특히 효과적이다. 자녀가 어떤 질문을 해오면 답을 알건 모르건 일단 이렇게 묻는다. 종종 자녀는 자신이 하는 질문에 대한 의견을 가지고 있다. 부모가 자녀의 의견을 물으면 대부분 무슨 말이든 할 것이다. 이때 자녀의 말을 자르지 말고, 어설픈 답이라 해서 면박을 주어서도 안 된다. 그랬다가는 자녀가 의기소침해져서 더 이상 질문하지 않을 수도 있다.

이제 간단한 연습을 해보자. 일부러 정답이 없는, 즉 아들의 꿈을 묻는 질문으로 시작한다.

"아들, 넌 커서 뭐가 되고 싶니?"

"몰라요. 이것 저것 하고 싶은 게 있다가도 그냥 사라져요."

이때 주의해야 한다.

"어떻게 그걸 모를 수가 있니? 그냥 하고 싶은 게 있을 거 아니야."

땡! 이렇게 말하면 비난이 된다. 부모가 비난하는 말투를 쓰면 아들은 곧 대화를 마치고, 그렇게 싫어하던 공부를 하겠다면서 방으로 들어간다고 할 것이다. 이럴 때는 무심한 듯 질문을 바꾸어본다.

"너만 그러니? 아니면 다른 친구들도 꿈이 명확하지 않니?"

"친구들도 그래요."

질문의 성격과 방향이 답의 성격과 방향을 결정한다고 했다. 질문의 방향을 정해야 한다. 꿈이 없는 이유를 캐물을 수도 있고, 꿈이 있는 친구에 대한 이야기를 할 수도 있다. 긍정적인 대화를 위해 두 번째로 방향을 잡는다.

"너희 반에 꿈을 가진 친구들은 어떤 친구들이야?"

"동수랑, 홍석이 정도?"

"그 친구들은 뭐가 남다른 걸까?"

질문을 긍정적이 반향으로 정함으로써, 대화는 자녀의 무기력을 비난하는 대신 꿈을 가진 학생의 특징을 알아보는 탐구형 대화로 변한다.

"그렇구나. 네 친구 동수는 취미생활을 꿈으로 이어가려고 하는구나. 멋지네. 네가 보기에 동수에게서 어떤 걸 배울 수 있겠니?"

"미리미리 꼼꼼하게 준비하는 거? 동수랑 한 팀이 되면 편해요. 동수가 알아서 준비 다 하거든요."

"동수가 치밀하구나. 10점 만점이라면 동수의 치밀함은 몇 점이나 되니?"

"거의 10점이지."

"너는?"

걸핏하면 물건을 잃어버리는 아들을 비난하고픈 마음이 들더라도 참고 아들에게 자기평가 의견을 묻는다. 질문을 받은 아들은 자신을 객관적으로 보는 훈련을 하게 된다. 그리고 부모를 대신해 자신도 모르는 사이에 스스로에게 변해야겠다는 말을 하게 된다.

"나는 6점 정도. 난 정말 물건 잘 잃어버려. 도대체 난 누굴 닮은 거지?"

"나 닮은 거지. 나도 너만 할 때에는 너처럼 물건 자주 잃어버렸어. 어차피 타고난 성격이 꼼꼼하지 않다면 물건을 잃어버리지 않는 방법을 만들면 되는 거야. 시력 나쁜 사람은 안경 쓰잖아. 우리도 그런 도구를 만들면 되는 거야. 그런데 어떤 방법이 있을까?"

어떤가? 꿈에 대한 대화는 성품훈련의 방법을 찾는 대화로 발전했다. 부모는 가능한 명령도 지시도 하지 않고, 자녀의 의견을 물어 스스로 생각하게 만들 수 있다.

예수님도 질문으로 가르치셨다. 제자들에게 수시로 질문을 하셨고, 때로는 같은 질문을 다른 각도로 하면서 제자들의 생각을 단련시키셨다.

예수께서 제자들과 함께 빌립보의 가이사랴에 있는 여러 마을로 길을 나서셨는데, 도중에 제자들에게 물으셨다. "사람들이 나를 누구라고 하느냐?" 제자들이 예수께 말하였다. "세례자 요한이라고 합니다. 엘리야라고 하는 사람들도 있고, 또 예언자 가운데 한 분이라고 하는 사람들도 있습니다." 예수께서 그들에게 물으셨다. "그러면, 너희는 나를 누구라고 하느냐?" 베드로가 예수께 대답하였다. "선생님은 그리스도이십니다." 예수께서 그들에게 엄중히 경고하시기를, 자기에 관하여 아무에게도 말하지 말라고 하셨다. (막 8:27~30)

예수님의 첫 질문은 '사람들이 나를 누구라고 하느냐?'였다. 예수님은 제자들에게 자신의 평판을 물은 것이다. 답을 듣더니, 이번에는 질문을 살짝 바꾸었다.

"그러면, 너희는 나를 누구라고 하느냐?"

이 질문은 제자들에게 소문을 전하는 데서 멈추지 말고 자신의 확신을 밝히라고 요구하고 있다. 그때 베드로는 예수님이 기대하는 대답을 했고, 그로 인해 예수님은 그 다음부터 자신의 수난과 부활에 대해 이야기하기 시작했다.

우리 사회 전반에서 소통이 강조되면서 리더는 말을 잘해야 한다는 강박에 사로잡히기 쉽다. 하지만 진짜 소통의 대가는 상대방이 말하게 만드는 사람들이다. 자녀에게 좋은 이야기를 해주어야 한다는 강박에 시달리는 대신 질문하고 자녀의 이야기를 집중해서 듣는 연습을 하면 좋겠다. 자녀가 부모의 질문에 답하면서 생각을 키워가고 그 과정에서 소통의 즐거움을 느낀다면 부모는 그것으로 이미 제 몫을 잘해낸 것이다.

chapter 08

과목별로 하브루타 적용하기

성경에 기록된 최초의 질문은 무엇일까? 바로 뱀의 질문이다. 그리고 그 질문을 받자, 최초의 여자는 비로소 자신에게 무엇인가가 금지되었다는 것을 자각하고 그것을 탐내기 시작한다.

뱀은, 주 하나님이 만드신 모든 들짐승 가운데서 가장 간교하였다. 뱀이 여자에게 물었다. "하나님이 정말로 너희에게, 동산 안에 있는 모든 나무의 열매를 먹지 말라고 말씀하셨느냐?" (창 3:1)

뱀의 질문은 매우 교묘했다. 뱀은 일부러 "모든 나무의 열매를 먹지 말라고 말씀하셨느냐?"라고 물었다. 인류에게 금지된 것은 선악

과뿐인데도 마치 모든 나무의 열매가 금지된 것처럼 물은 것이다. 그러자 여자의 의식이 깨어나고 불만이 싹트기 시작했다. 하나님은 먹지 말라고만 하셨는데, 여자는 "먹지도 말고 만지지도 말라고 하셨다"고 말하면서 하나님이 매우 강압적인 분인 것처럼 생각하기 시작했다. 질문의 성격과 방향이 대답의 성격과 방향을 결정한다는 것이 바로 이런 것이다.

여자가 뱀에게 대답하였다. "우리는 동산 안에 있는 나무의 열매를 먹을 수 있다. 그러나 하나님은, 동산 한가운데 있는 나무의 열매는, 먹지도 말고 만지지도 말라고 하셨다. 어기면 우리가 죽는다고 하셨다." (창 3:2~3)

뱀이 강압적으로 인류를 타락시킨 것이 아니라, 질문으로 타락을 유도했다는 점은 시사점이 크다. 질문은 그 정도로 막강한 힘을 가지고 있다. 아무런 생각이 없던 사람도 질문을 받으면 질문이 겨냥하고 있는 주제를 생각하기 시작한다. 그러니 공부하는 학생들의 의식이 깨어나길 바란다면 부모와 교사는 모든 과목에서 생각을 일깨우는 질문을 해야 마땅하다.

과목별로 하브루타 적용하기

우리 가정은 어느 과목을 공부하건 아들에게 질문했다. 국어에서는 독해능력이 강조되는데 문장을 해독하는 능력을 갖추려면 평소에 많은 책을 읽고 또 읽은 책을 분석하는 방법도 배워야 한다. 또 아이들과 함께 '뒷걸음 질문법'을 사용해서 토론하는데 '뒷걸음 질문법'이란 책에서 뒷걸음질쳐 가면서 큰 그림을 보도록 유도하는 질문법이다. 먼저 책 자체에 대한 질문을 하는데 단어, 문장, 주제 순서로 묻는다.

아들과 함께 책을 읽으면 종종 아들이 단어 뜻을 모르면서 그냥 지나치는 경우를 본다. 책을 빨리 읽고 싶은 마음에 사전을 찾지 않고 지나치는 것이다. 하지만 단어를 모르면 국어실력이 늘 수 없다. 흥미롭게도 영어사전을 찾는 학생들은 자주 보지만, 국어사전을 찾는 학생들은 자주 보지 못한다. 사실 국어사전부터 찾는 연습을 해야 하는데도 말이다. 새로운 단어를 만나면 나는 종종 기존 단어와 연결하여 뜻을 유추하도록 유도한다.

예를 들어, 해민이가 어느 날 '노골적인(露骨的)'의 뜻을 물어왔다. "네 생각은 어때?"라고 물었더니, 해민이는 "No goal은 아닌 것 같은데……"라면서 말끝을 흐렸다. 그래서 한 글자씩 설명을 해주었다.

"노출의 노(露). 해골의 골(骨)."

그러자 해민이는 바로 뜻을 유추했다.

"뼈를 드러내다? 노골의 뜻이 그게 맞아요?"

뼈가 드러날 정도면 얼마나 깊게 살을 파낸 것이겠냐고 설명하니,

해민이는 곧 문맥에 맞추어 그 의미를 이해했다. 우리 말 명사의 약 70%가 한자어라고 하니, 이처럼 한자 뜻을 하나씩 알려주면 자녀들은 대부분 쉽게 새로운 단어를 배우고 그 뜻도 쉽게 외운다. 여기서 중요한 것 두 가지가 있다.

첫째, 부모는 힌트를 주고 질문을 하되, 답을 직접 주면 않는다.

둘째, 한자를 쓰는 법을 가르치지 않는다. 한자를 쓰면 아이들이 바로 그 순간에 포기한다. 너무 어려워 보이기 때문이다. 그러니 부모는 한자까지 가르치겠다는 욕심을 버리고, 그런 한자가 있다는 것만 알려준다.

단어의 뜻을 알고 나면 자녀에게 문장의 뜻을 물어본다. 문장을 해석할 때도 앞, 뒤 문장과 연결하여 생각하면 뜻을 알아낼 수 있다는 것을 일깨워주는 게 중요하다. 그리고 책 전체에 대해서 주제나 결론을 요약해보라고 질문을 한다. 여기까지는 책 자체에 대해 질문하는 것이라 비교적 쉽다.

이제 책에서 한 걸음 물러나 큰 그림을 보며 질문한다. 작가가 왜 글을 썼는지 물어본다. 글의 목적은 크게 네 가지다. 재미를 주는 글, 정보를 알려주는 글, 이해가 쉽도록 설명하는 글, 변화를 요구하며 설득하는 글이다. 세 아들은 특히 설명과 설득을 구분하는데 어려움을 겪었다. 그래서 설명 글은 읽고 나면 '잘 알겠다'라는 말이 나오고, 설득 글은 읽고 나면 '이렇게 해야지'라는 말이 나온다고 하니 그제야 이해했다.

독서량이 많은 중학생 이상의 자녀에게는 글의 주제가 비슷한 글과 반대인 글을 생각하라고 질문한다. 순간 자녀의 두뇌는 고속으로 회전하면서 기억을 더듬어 분석한다. 이런 질문과 토론은 트리비움의 논리 단계(대략 중학생) 이후에 특히 효과적이다.

역사에서도 하브루타는 통한다. 하브루타로 역사를 배우면 역사가 암기과목이 아니라는 것을 실감할 수 있다. 2015년 늦은 봄, 세 아들은 정조 때 지어진 수원의 화성에 대한 책을 읽고 현장학습을 다녀왔다. 아들의 그림책을 미리 읽은 나는 현민에게 질문공세를 시작했다.

"현민아, 수원화성 전에는 산에 성을 지었는데, 화성은 왜 평지에 지었을까?"

"상업이 발전하면서 성의 목적이 전쟁 중에 방어하는 것 외에 시장과 창고의 기능도 시작했기 때문이에요."

"그렇구나. 화성은 벽돌로 지었고 성의 높이가 낮아졌는데 왜 그렇게 성을 지은 거지?"

"벽돌은 중국에 다녀온 북학파가 적극적으로 권장한 것이고요. 성의 높이는……"

대답이 궁해진 현민에게 나는 임진왜란 이전의 전투가 성벽을 넘어서 침투하는 방식이었던 점과 이후에는 화약이 발달하면서 벽을 터뜨려 무너뜨리는 방식이었던 점을 알려주고 더 생각해보라고 권했다. 결국 현민이는 성벽이 높지 않았지만 벽돌로 두껍게 지은 화성이 대포를 더 잘 견디는 장점이 있다는 결론을 찾아냈다. 한 번 이렇게 고민해서 답을 알아낸 후, 현민이는 상업의 발전시기에 성의 목적이 달라진다는 점과 전쟁방식에 따라 성의 모양이 바뀐다는 점을 선명하게 기억했다. 단순한 암기는 시간이 흐르면 사라지지만, 하브루타를 통한 공부는 기억이 오래가고 쉽게 복원된다. 그래서 역사공부도 하브루타로 해야 효과가 크다.

예술공부는 하브루타로 하기에 조금 힘들지만 불가능한 것은 아니다. 얼마 전 추상화가 '마크 로스코'의 전시회를 다녀와서의 일이다. 현민이가 전시회에서 사온 화보집을 읽다가 사진기의 등장으로 인상주의가 촉발되었다는 말이 무엇이냐고 질문했다. 덕분에 나까지 미술사 공부를 하게 되었다. 하브루타 대화를 하기 전까지는 나도 이 말의 의미를 제대로 알지 못했다. 그래서 대답을 하는 대신 현민에게 질문을 하기 시작했다.

"사진기가 나오면 화가들은 좋아했을까?"

"싫어했겠지요."

"왜?"

"실물과 비슷하게 그리면 잘 그린다고 생각했는데, 사진기에 비교하면 아무래도 떨어지잖아요."

"특히 어떤 화가가 싫어했을까?"

"초상화가가 싫어했다는데요."

"그러면 화가들은 사진기를 상대로 어떻게 대응했을까?"

아들이 궁리하는 동안 나도 생각해본다. 어차피 답을 모르기는 피차 마찬가지니까. 생각을 하다 보니 언젠가 보았던 TV 다큐멘터리가 떠올랐다. 일단 시간을 벌기 위해 소재를 바꾸었다.

"사진보다 정교한 그림을 그리는 것이 한 방법이지. 그걸 극사실주의라고 해."

"극사실주의?"

나는 스마트폰으로 극사실주의를 검색했다. 사진이라 해도 믿을 만한 정교한 그림 몇 점이 나타나자, 아들은 감탄했다.

"이게 그림이에요? 사진이 아니고?"

"대단하지. 극단적으로 사실 같다고 해서 극사실주의라고 부르지. 하지만 이 그림은 현대에 그린 거야. 사진기가 처음 나올 당시 화가들은 극사실주의가 아닌 다른 방법으로 사진기와 경쟁했어."

"어떤 방법인데요?"

"사진이 흉내 낼 수 없는 그림을 그리는 거야. 어떤 게 있을까?"

아들과의 대화는 그렇게 이어졌다. 아들은 곧 사진기로 인해 일자리를 잃게 된 화가들이 눈에 보이는 현상을 재현하는 대신, 마음속 심상을 표현하기 시작했다는 것을 이해했다. 그리고 마음에 남은 강한 인상을 표현한 그림들이 인상주의 그림이란 것도 깨닫게 되었다. 현민이가 던진 질문 덕분에 나도 사진기의 등장이 인상주의를 촉발했다는 사실을 알게 되었다.

생각은 여기서 멈추지 않았다. 사진기의 등장이 인상파 그림을 촉발했다는 말의 의미를 자녀교육에 접목하기 시작했다. 사진기란 광학기술을 적용한 재미난 도구다. 사진기가 등장하자마자 그림, 특히 초상화 화가들은 일자리를 잃고 실직자가 되었다. 사진기를 이길 수 없다고 판단한 화가들은 광학기계 도전을 피하는 대신 정면으로 돌파했다. 화가들은 자신들을 실직자로 만든 사진기의 원리인 광학을 공부했다. 그리고 빛의 반사로 인해 세상이 우리 눈에 보인다는 사실을 깨닫고, 빛에 따라 시시각각 변하는 세상을 표현하려고 노력했다. 그 결과, 평범한 풍경도 동틀 때나 저녁노을을 배경으로 그리면 더 인상적이라는 것을 발견했다. 그렇게 해서 나온 그림이 바로 인상주의 대표작 모네의 〈인상, 해돋이〉이다.

부모는 가르치지 않는다. 다만 자극을 줄 뿐이다

멋지지 않은가! 광학기계에게 일거리를 빼앗긴 화가들이 광학 지식을 활용해 새로운 화풍을 개척했다는 것이. 이처럼 하브루타로 미술 역사를 공부하다 보면 자녀가 어떻게 미래의 도전에 대비해야 할지도 배울 수 있다. 흔히 홈스쿨링을 한다고 하면 부모가 어떻게 모든 과목을 가르치느냐고 묻는 사람들이 있는데 그때마다 우리 부부는 설명을 하지만 사람들은 쉽게 이해하지 못한다. 원리는 이렇다. <u>부모는 가르치지 않는다. 어차피 공부는 학생이 하는 것이다. 부모는 다만 학생이 흥미를 유지하도록 자극을 줄 뿐이다. 부모는 학과목 지식이 없더라도 최고의 교사가 될 수 있다.</u>

사실 최고의 교사란 학생이 스스로 알아서 공부하게 만드는 사람이다. 하브루타라는 질문 중심의 대화를 통해 자녀가 공부하는 내용을 의심하고 궁리하게 만들면 절반 이상 해결된 것이다. 시중에 책도 많고 동영상도 많으니 궁금한 학생은 스스로 찾아볼 것이기 때문이다. 물고기를 주는 대신 물고기 잡는 법을 가르치라고 했다. 국어, 역사, 미술 등을 가르치는 대신 질문하면 된다. 하브루타가 바로 물고기 잡는 법이다.

chapter 09

사회성을 키우다

 세 아들을 학교에 보내지 않고 집에서 키운다고 하면, 사람들은 걱정스러운 얼굴로 묻는다. "그러면 아이의 사회성은 어떻게 기르나요?" 처음에는 우리 부부도 답을 몰랐다. 그저 하나님께서 인도하실 것을 바랄 뿐이었다. 홈스쿨링 3년차가 되면서 이제 그 해답을 얻었다. 부모가 도와주면 자녀의 사회성은 충분히 개발될 수 있다.
 사람들은 흔히 아이들이 학교에 다녀야 사회성이 개발될 것이라 생각한다. 그 외의 방법을 보지 못했으니 그렇게 생각하는 것도 무리가 아니지만 사회성은 여러 기회를 통해서 개발된다. 우리는 흔히 가족이 아닌 사람들과 어울려 생활할 수 있는 능력을 사회성이라고 부른다. 아이들에게 가족이 아닌 가까운 사람은 또래친구다.

상하관계가 유연한 서구사회에서 또래친구란 반드시 같은 해에 학교에 입학한 친구를 말하지 않는데 유달리 우리나라에서는 같은 해에 태어난 사람만 친구가 될 수 있다. 한 해라도 일찍 또는 늦게 태어난 사람은 형, 누나 또는 동생이 된다. 우리나라는 참으로 친구를 만들기 힘든 사회다.

또래친구들과 어울린다고 해서 사회성이 자라는 것도 아니다. 자칫하면 나쁜 행동을 서로 가르치고 따라하는 무리가 될 수 있다. 어두운 골목에서 청소년들이 떼지어 나타나면 움찔하는 것이 나뿐만이 아닐 것이다. 성경에 탈선 청소년의 이야기가 거의 없는 것은 청소년들이 항상 어른과 함께 생활했기 때문이다. 그렇다고 성경에 탈선 청소년 이야기가 전혀 없는 것은 아니다. 예나 지금이나 어른의 지도 없이 청소년들이 떼지어 다니면 사고 나기 쉽다.

엘리사가 그 곳을 떠나 베델로 올라갔다. 그가 베델로 올라가는 길에, 어린 아이들이 성읍에서 나와 그를 보고 "대머리야, 꺼져라. 대머리야, 꺼져라" 하고 놀려 댔다. 엘리사는 돌아서서 그들을 보고, 주님의 이름으로 저주하였다. 그러자 곧 두 마리의 곰이 숲에서 나와서, 마흔두 명이나 되는 아이들을 찢어 죽였다.
(왕하 2:23~24)

성경에 대한 이해가 부족한 상태에서 이 구절을 보고 분개하는 사람들이 가끔 있다. 선지자라는 사람이 어떻게 어린이들에게 저주해서 42명이나 곰에 찢겨 죽게 하느냐면서 말이다. 하지만 이것은 오해다. 한국어 번역은 '어린아이'지만 실제 히브리어는 '젊은 남자'를 의미한다. 즉 상황을 다시 구성하면 이렇다. 선지자 엘리사가 여행을 하는데 십대 청소년 40여 명이 뒤에서 쫓아오며 욕을 한 것이다.

어린 아이들이 졸래졸래 쫓아오면서 "얼레꼴레리~ 대머리래요."라고 말한 것이 아니다. 상상해보라. 건장한 고등학생 40여 명이 돌멩이와 나무 막대기를 들고 따라오면서 "어이, 하나님 믿는다는 대머리 아저씨. 당신이 그렇게 좋다는 하늘나라로 우리가 보내드릴까?"라고 협박하는 모습을. 생각만 해도 섬뜩하다. 결국 엘리사는 그들을 저주했고 곰이 나타나 죽여야만 상황이 정리될 수 있었다. 예나 지금이나 힘 좋은 청년들을 제대로 훈육하지 않으면 떼지어 다니면서 사고 치기 마련이다.

수직, 수평, 대각선 관계를 모두 소개하자

우리가 사회생활을 하면서 맺는 관계는 대략 세 가지다. 동년배와 맺는 수평적 관계가 첫 번째, 상사나 선생님과 맺는 수직적 관계가 두 번째, 선후배 사이에 맺는 비스듬한 대각선 관계가 세 번째다. 일반적인 환경에서 우리나라 청소년들은 수평적 관계 위주로 산다. 선생님과 맺는 수직적 관계가 일부 있지만 대체로 약하다. 한 학년만 달라도 위계가 만들어져서 서로 소통하기 어려운 문화 때문에 선후

배가 어울리는 비스듬한 대각선 관계는 거의 없다.

그런데 성인이 되어 우리가 인생을 통해 맺는 대부분의 관계는 대각선 관계다. 직장 생활을 떠올려보라. 나이가 서로 다른 성인 10명이 한 팀을 이루는 게 흔한 모습이다. 사회성이 좋다는 사람들은 대체로 수직적 관계를 부드럽게 유지하고 대각선 관계에서 유연한 사람들이다. 그렇다면 우리 자녀들이 다니는 학교는 사회성을 충분히 개발하기 힘든 환경이라는 결론에 이른다. 자녀의 사회성이 저절로 자랄 것을 기대하지 말고 부모가 나서야 하는 이유가 여기에 있다.

나는 아내와 상의 끝에 현민이가 5학년이 되었을 때 주일학교 교사를 자청했다. 5학년 아이가 두 명뿐이어서 현민이와 재호만을 데리고 주일학교를 시작했다. 매주 아이들과 성경을 주제로 대화를 하니 우리 셋은 사이가 가까워졌다. 종종 토요일이 되면 재호는 우리 집으로 와서 현민이와 어울려 놀고 다음날 같이 교회에 갔다. 이러기를 1년 반 동안 계속하자, 우리 가족과 재호 가족 사이에는 끈끈한 애착관계가 생겼다. 어느새 재호는 우리 집에서 아들로 통하기 시작했고 마찬가지로 현민이도 재호 집에 가면 아들 대우를 받는다. 이로써 현민이는 수평적 관계를 깊게 맺는 법을 배웠다.

서로의 집에 찾아다니면서 현민이와 재호는 서로의 아빠와도 대화하기 시작했다. 수직적 관계에서 예절 바르게 행동하는 법을 배우기 시작한 것이다. 나는 예전부터 내 친구를 만나러 가는 자리에 현민이를 일부러 데리고 다녔다. 어른들이 대화하는 모습을 보여주려 했고, 친구들은 매번 따뜻하게 현민이의 삼촌 역할을 해주었다. 아빠를 따라다니는 게 늘 재미나지는 않겠지만, 가끔 재미난 이야기를 듣거나 맛난 음식을 먹을 수 있었기에 현민이는 즐거운 마음으로 따라와 주었다. 현민이는 그렇게 가족이 아닌 어른들 사이에서 예절을 갖추면서 대화하는 방법을 깨달았다. 사회생활에서 중요한 수직적 관계를 다루는 사회성을 키운 것이다.

홈스쿨링 커뮤니티는 사회성을 개발하는 데 둘도 없는 기회를 주었다. 세 아들은 다른 홈스쿨 가정과 어울리면서 폭넓게 친구를 사귀기 시작했다. 홈스쿨 가정이 많지 않기 때문에 커뮤니티에서 동년배 친구를 찾는 것이 쉽지가 않다 보니 아이들은 자연스럽게 3~4년 나이 차가 나는 형, 동생과 어울려 논다. 흥미롭게도, 아이들이 친형제들과는 싸울지언정 홈스쿨 모임의 친구들과는 싸우지 않았다. 홈스쿨 가정 대부분이 예절교육을 중요하게 여기는 것이 하나의 이유일 것이고, 아이들 스스로가 가끔 만나는 친구와 다투어서는 얻을 게 없다는 것을 깨달은 것이 두 번째 이유인가 보다. 더불어 아이들은 공동체에 오는 어른들과도 스스럼 없이 이야기를 나눈다. 대부분 친구의 엄마와 아빠들이기에 무서워할 이유도 없다. 이로써 아이들은 수직적 관계와 함께 비스듬한 대각선 관계까지 모두 섭렵한다. 홈스쿨링을 시작한 후로 세 아들의 사회성이 좋아졌다는 말은 그래서 빈 말이 아니다.

한 번은 아내가 내 손을 잡으며 말했다. 여학생 하나가 자기에게

중보기도를 해달라고 부탁했는데 그 아이가 정말 사랑스럽다는 것이다. 2015년 8월에 바이올린을 연습한 아이들이 작은 연주회를 준비했다. 뒤늦게 바이올린을 배우기 시작한 해민이를 따라 온 가족이 연주회가 열리는 교회로 갔다. 그때 대기실에 있던 십대 여학생이 아내를 찾아와 부탁을 했다.

"집사님, 연주를 하려니 떨려요. 중보기도를 해주실 수 있나요?"

중보기도를 부탁한 아이가 얼마나 사랑스럽던지 아내는 진심을 담아 기도해주었다. 그리고 그 주 내내 입이 닳도록 그 아이를 칭찬했다. 사회성은 아이들이 어른스러워지는 것만을 의미하지는 않는다. 아이들이 아이답게 어른 앞에서 공손하게 처신하는 것도 사회성이다.

핵가족 사회에서 청소년들은 부모와 교사 외에는 어른과 교감하지 않고 자란다. 아파트 엘리베이터에서 이웃을 만나도 인사하지 않는 경우가 많다. 교회, 홈스쿨링 공동체 등에서 늘 어른들과 대화하는 우리 아이들은 엘리베이터에서도 자연스럽게 인사한다. 가끔 인사를 잊을 때는 내가 일부러 인사를 시킨다. 그래서 이웃들은 종종 우리 가정을 인사 잘하는 삼동이 집으로 기억한다.

나는 가끔 이런 모습을 상상한다. 아이를 가운데에 놓고 우리 가정과 세상이 줄다리기 하는 모습 말이다. 시간이 갈수록 세상에 더 많이 노출되는 아이들은 점점 세상의 영향을 받는다. 나와 아내는 열심히 기도하면서 부모와 교회가 아이에게 더 많은 영향을 주고자

한다. 그러기 위해 한때는 일부러 시간을 내어 아이와 놀아주었다. 그런데 어느 육아전문가로부터 지적을 받고 난 후부터는 더 이상 아이들과 놀아주지 않았다. 그 전문가는 따끔하게 충고를 주었다.

"자기 아이와 노는 게 즐겁지 않나요? 만약 그 시간이 즐겁다면 왜 '놀아준다'라고 말합니까? 그냥 아이와 노세요. 놀아주지 마시고요."

아이와 어울리는 시간이 가끔은 책임으로 다가오기도 한다. 아내에게 등 떠밀려 아이와 함께 놀이터에 온 아버지들은 종종 아이와는 별도로 스마트폰을 보거나, 심심해하는 아이에게 스마트폰을 내어주는 것으로 책임을 다했다고 착각하는데, 그것은 놀아준 것이 아니라 그냥 시간을 때운 것이다. 그런 시간을 보내는 것은 차라리 아이와 떨어져 사는 것만 못하다. 아버지와 떨어져 있으면 아이들은 아버지를 그리워하지만 아버지와 지루한 시간을 보내면 아이들은 더 이상 아버지와 대화하려 하지 않기 때문이다.

자녀는 아버지와의 관계, 아버지가 소개해준 관계에서 사회성을 배운다. 아버지는 자녀에게 다양한 사람들과 건강하게 관계 맺는 법을 가르칠 필요가 있다. 아버지는 자녀의 최고의 스승이 될 수 있지만 반대로 대화가 지겹게 느끼게 만드는 최악의 상대도 될 수 있다. 선택은 아버지의 결정에 달려있다.

chapter 10

청소년이라는 개념의 굴레를 넘어서

　우리 집의 경우로 보건대, 12세 전후로 아이들이 방문을 잠그기 시작한다. 아이들이 문을 잠그자, 나는 뚜렷한 이유도 없이 기분이 상했다. 그래서 아이들이 방에서 무엇을 하는지 궁금하게 여기다가, 아이들의 잘못을 발견하는 날에는 작정하고 꾸짖었다. 문을 잠그는 행위는 권위에 대한 도전, 반항심 등으로 보였기 때문이다. 그런데 건축 설계사인 친구가 조언하기를, 아파트에서 자란 아이들은 자기만의 공간을 갖기 위해 문을 잠그는 것이라면서 아이들에게 개인공간, 개인시간을 주어야 한다고 말이다.
　생각해보니, 아파트에는 개인 공간이 거의 없다. 그래서 청소년들은 자기만의 공간을 찾아 나서는데 주로 그런 공간에서는 작은 일탈이 일어난다. 남학생들은 놀이터 구석에서 흡연하고, 여학생들은 치맛단을 접어 올리고 화장을 한다. 생각과 몸은 자라는데, 갈 곳이 없는 청소년들은 점점 음지로 모여든다. 어쩔 수 없는 것일까? 청소년들은 늘 이렇게 잠재적인 사고뭉치인 걸까?

내가 고전이나 역사에 통달할 것은 아니지만, 산업화 시대 이전 기록에서 청소년 일탈 문제를 고민하는 글을 본 적이 없다. 고대 유적에서 "요즘 애들 문제야!"라는 글이 나왔다는 농담은 들어본 적이 있긴 하다. 그렇다면 청소년의 일탈문제는 산업화의 부작용이라고 볼 수도 있지 않을까? 산업화 시기 이전에 아들은 아버지로부터 직업교육을 받고, 딸은 어머니로부터 가사를 배우는데 일탈할 여지 자체가 없었으리라.

산업화 시대를 살면서도 성인식을 통해 청소년들을 지도하는 사회들이 있다. 자녀교육 분야에서 큰 시사점을 주는 유대사회에서는 아이들이 13세에 성인식을 치른다. 성인식을 위해 유대인 아버지는 1년 이상 별도의 성경공부를 지도하고 성인식을 마친 청소년은 별도의 시간을 내어 히브리어와 유대 전통에 대해 배우기도 한다. 감수성이 예민한 13세 나이에 '나는 누구이며 어디서 왔는가?'라는 고민은 청소년의 심리 발달에 큰 도움이 될 수밖에 없다.

몽골의 성인식은 조금 더 치열하다. 10세 안팎의 아이들은 말을 타고서 얼어붙은 들판을 달리는 성인식을 치른다. 부모를 등 뒤에 남기고 말을 모는 동안, 아이들의 얼굴에서는 웃음이 사라진다. 추위를 뚫고 살아 돌아와야 한다는 생존본능에 사로잡혀 말 그대로 죽기살기로 말을 몬다고 한다. 부모들이 기다리는 도착점에 이를 때면, 아이들의 얼굴은 벌겋게 달아오르고 뺨에는 눈물과 땀이 얼어붙는다. 어른들은 위험한 성인식에서 살아 돌아온 아이들을 극진히 환영하면서 사회의 일원으로 받아들인다.

가장 인상적인 이야기는 지인으로부터 들었다. 지인이 캐나다 여행 중에 원주민 행사에 초대받았다. 유서 깊은 마을 행사라고 하길래 구경이나 할 겸 가벼운 마음으로 갔던 그는, 건물 밖으로 나오지도 못하고 밤 새도록 원주민과 어울려 춤을 주었다고 했다. 사연은 이랬다. 그날은 마을 사람들이 청소년 아이들을 마을 밖 먼 곳에 떨구어 놓고 스스로 길을 찾아 돌아오게 하는 성인식을 치르는 날이었다. 마을의 전통에 따르면, 어느 부모도 길 헤매는 아이를 도와주지 못하도록 마을 안의 모든 어른을 한 건물에 가두어둔다고 했다. 심지어 외부에서 온 손님들까지도 말이다. 이렇게 밤길을 달려 돌아온 아이들은 자긍심으로 가득 차고 어린 동생들은 형들의 무용담을 들으며 존경의 눈길을 보낸다.

우리 전통에도 벼랑의 바위 틈을 뛰어넘거나 어른들 앞에서 장문의 고서를 암송하는 등의 성인식이 있었다. 하지만 입시 자체가 가혹한 성인식이 되어버리면서 한국의 청소년은 미성숙한 공부기계로 변했다. 우리나라 청소년의 일탈하는 현상을 만드는 세 가지 요인은 과도한 공부, 또래집단 문화, 어른의 부재라 할 수 있다.

청소년 대부분은 공부를 싫어하고 방학이 끝나는 것을 군입대하는 것처럼 싫어한다. 그러니 일탈을 꿈꿀 수밖에. 학교 생활이 즐거우면 청소년 일탈은 줄어든다. 학생들이 학교에서 개성과 재능을 개발하지 못하면 청소년들은 성취감을 느낄 수 있는 일탈행위에 큰 유혹을 느낄 것이다. 당연한 일 아닌가. 우리나라의 아저씨들이 유일하게 성취감을 느낀다는 골프장으로 몰리는 것도 이 때문이다. 가정에서 자녀의 기를 살려주는 것이 그래서 중요하다.

또래집단의 군중심리는 화약고와 같다. 외신에 가끔 소개되는 영국의 훌리건은 그 악명이 자자한데, 이는 어른들도 떼지어 다니면 망나니짓을 한다는 것을 보여준다. 우리나라도 마찬가지다. 건전하고 예의 바른 어른들도 예비군 훈련장에 모이면 대부분 진상처럼 군다. 그러니 청소년들이 사회경험이 부족한 동년배들과만 어울리는 것은 건강하지 않다. 어른들이 건전하고 건강한 사회인의 모습을 자녀들에게 자주 보여주어야 한다.

그런데 막상 어른들, 특히 아버지들은 일하느라 바쁘고 집에 돌아오면 아이들을 엄마에게 맡기고 그냥 쉬고만 싶다. 이렇듯 아버지는 직장으로 차출되고 어머니는 잔소리만 해댄다면, 아이들은 지적으로나 심리적으로 성장이 더딜 수밖에 없다. 존경할 만한 어른을 가까이에서 보고 흉내 내면서 자랄 때 아이들은 건강해진다. 부모, 특히 아버지가 아이들과 저녁밥만 자주 먹어도 아이들은 안정감을 가지면 자랄 것이다.

부모가 나서지 않으면 세상이 아이들을 가져간다

상황이 암담하다고 손을 놓고 있을 수는 없다. 마음에서 포기하면 1점차로 질 게임을 10점 차로 지게 된다. 망칠 거라고 생각하는 시험은 정말 망치게 된다. 믿으면 정말 그 일이 일어나는 법이다. 그래서 청소년 자녀들이 성숙해질 거라고 믿어야 한다. 그 말은 이 세상의 풍조와 치열하게 싸우는 것을 의미한다. 우리가 사는 자본주의 사회는 청소년들을 무책임한 소비집단으로 만들고 있다. 청소년들이 부모들에게 돈을 타내는 한, 자본의 논리는 끝까지 청소년 세대를 포기하지 않는다. 가뜩이나 우리나라 사회가 청소년들에게 공부를 핑계 삼아 당연한 예절마저 가르치지 않는 상황에서는 더욱 그렇다. 예를 들어 보자. 얼마 전에 한 교복업체가 여학생들에게 노골적으로 걸그룹을 흉내 내리는 광고를 만들었다. 날씬한 허리와 긴 다리를 드러내라는 메시지와 함께 여학생 교복을 입은 모델들이 화면을 가득 채운 포스터는 여학생들의 눈길을 끌었다. 당연히 학부모들의 항의를 받았다. 부모라면, 바른 심성을 키울 생각을 접어두고 몸매 드러내기에 집착하라는 세상의 풍조와 싸워야 마땅하다.

여러분은 이 시대의 풍조를 본받지 말고, 마음을 새롭게 함으로 변화를 받아서, 하나님의 선하시고 기뻐하시고 완전하신 뜻이 무엇인지를 분별하도록 하십시오. (롬 12:2)

우리 가정은 이 시대의 풍조를 본받지 말기로 결정하고 세 아들에게 각자 책임을 지웠는데, 큰 아들 현민이는 아침 식사의 배경음악을 담당한다. 많은 청소년이 그렇듯 현민이도 헤드폰을 끼고 산다. 그래서 가족을 위해 음악을 고르라고 한 것이다. 처음에는 현민이가 고른 음악이 환영받지 못해 실망했지만, 그 덕분에 지금은 가족들의 취향을 고려해 음악을 고르는 안목을 길렀다. 막내 지민이에게는 한동안 청소 매니저 역할을 맡겼는데, 청소를 하는 것이 아니라 가족 대청소를 소집할 수 있는 권한을 준 것이다. 온 가족을 자기 마음대로 불러낼 수 있다는 게 재미났던지 지민이는 하루에도 두 번씩 대청소를 하자는 바람에 말려야만 했다.

다른 가정에서는 하지 않는 일을 우리만 한다고 아이들이 불평하기도 하지만 그럴 때면 성경말씀으로 가르친다. 책임과 권리는 같이 성장하는 것이고, 책임을 감당해야 누릴 수 있는 권리도 커지는 것이라고 말이다.

그러자 첫 번째 종이 와서 '주인님, 저는 한 므나로 열 므나를 벌었습니다.' 하고 말하였다. 그래서 주인이 그에게 '잘하였다. 착한 종아, 네가 아주 작은 일에 충실하였으니 네게 열 도시를 다스리는 권한을 주겠다.' 하였다. (눅 19:16~17)

작은 일에 충실하면 큰 일을 도모할 수 있다는 것은 세상 사람이다 아는 이치다. 직장에서도 자기 일은 열심히 하지 않으면서 더 큰 일을 기대하는 직원이 있다면, 누가 그를 아끼겠는가. 사람들은 이렇게 말할 것이다. "맡겨진 일이나 잘해."

청소년이라고 봐주지 말자. 어릴 적에는 이불도 개고 밥 먹은 후 그릇도 치울 줄 알던 아이가 청소년이 되자 아무 것도 못한다는 것은 강아지도 웃을 이야기다. 우리 아이들은 스스로 방을 정리하고 부모를 도와 청소와 요리를 준비할 수 있다. 공부하느라 힘들어서 가사를 도울 수 없다는 말은 하지 말자. 꿋꿋이 살아가는 소년, 소녀 가장들 앞에서 그것은 비겁한 변명에 불과하다. 기대하고 요구하자. 청소년을 응석받이로 키우는 부모는 무능력한 자식을 죽을 때까지 책임져야 할지도 모른다. 정말 정신 차리자.

chapter 11

자녀교육, 여전히 갈 길은 멀다

일본 기업 파나소닉을 세운 마쓰시타 고노스케는 '경영의 신'으로 불릴 정도로 존경받는 분이다. 그는 94세로 세상을 떠날 때까지 산하 570개 기업 13만 명의 종업원을 거느린 대그룹을 일구어냈다. 그가 아흔이 넘었을 때 성공 비결을 묻는 직원에게 이렇게 말했다.

"나는 하늘로부터 세 가지 큰 은혜를 입고 태어났습니다. 그 세 가지 큰 은혜란, 가난한 것, 허약한 것, 못 배운 것입니다."

깜짝 놀란 직원이 물었다.

"이 세상의 불행을 모두 갖고 태어나셨는데도 오히려 하늘의 은혜라고 하시니 이해할 수 없습니다."

마쓰시타는 이렇게 설명해주었다.

"나는 가난 속에서 태어났기 때문에 부지런히 일하지 않고서는 잘 살 수 없다는 진리를 깨달았습니다. 또 약하게 태어난 덕분에 건강의 소중함도 일찍 깨달아 몸을 아끼고 건강에 힘써서 이제 아흔이 넘었어도 여전히 냉수마찰을 하면서 건강을 챙깁니다. 또 초등학교 4학년 때 중퇴했기 때문에 항상 이 세상 모든 사람을 나의 스승으로 여겨 그들에게서 많은 지식과 상식을 얻었습니다. 이러한 불행한 환경이 나를 이만큼 성장시켜 주었으니, 그것은 하늘이 주신 큰 은혜입니다."

마쓰시타 고노스케의 감동적인 이야기는 홈스쿨의 가장인 내게 큰 격려가 된다. 앞서 소개한 내용만 보면 여호와이레 홈스쿨이 순항 중인 것처럼 보이지만 여전히 실수투성이다. 아내와 나는 일주일이면 한 번씩 세 아들에게 실망하고 우울해진다. 종종 기도하면서 '우리는 잘하고 있는 것일까?'라고 자문하곤 한다. 하지만 하나님을 모르는 마쓰시타 고노스케마저도 자신의 불행을 하늘이 주신 은혜로 받아들인다는 내용을 기억하며 다시 힘을 모아 분발하기로 다짐한다.

홈스쿨링의 실체를 잘 모르는 분들은 종종 홈스쿨링에 대한 환상을 가지고 있다. 대표적인 사례가 바로 홈스쿨링이 귀족교육이나 영재교육이라고 생각하는 것이다. 홈스쿨러 상당수가 외벌이 가족이다. 자녀가 집에 있으니 부모 중 한 사람은 집에 있어야 하기 때문이다. 각 가정은 자녀는 대체로 두 명 이상, 많을 때는 네 명에서 다섯 명까지 되는 가정도 있다. 자녀가 한 명이면 놀이친구가 부족하여 부모에게 매달리기 때문에 자녀가 한 명인 가정은 홈스쿨링을 시도하기 힘들기 때문이다. 이처럼 외벌이에 자녀가 많으니, 모르는 사람들이 보면 홈스쿨러 가족들이 모두 경제적으로 여유롭다고 생각한다. 하지만 그건 환상이다. 교육철학과 신념에 대한 헌신이 남다른 사람들이 홈스쿨링을 하는 것이다. 여윳돈이 많아서 하는 것이 아니다.

홈스쿨링이 영재교육이라고 생각하는 분들도 있다. 공교육이 학생의 개성을 육성하기 어렵기 때문에 영재를 키우는 가정이라면 대안교육을 찾을 가능성이 크다. 그래서 영재 가정이 홈스쿨러가 되기도 하지만 모든 홈스쿨링 가족이 영재 가정은 아니다. 사실 우리 집 세 아들만 보아도 그렇다. 학생부 입학전형이 늘어나는 상황에서 세 아들이 유리한 조건으로 입시를 준비할 가능성은 낮다. 세 아들이 대학 이상의 고등교육을 희망하면 지원하겠지만 만약 뚜렷한 목표의식 없이 대학에 진학한다고 하면 말릴 생각이다. 우리는 지금 대학을 졸업하고도 직장을 구하지 못하는 청년이 넘쳐나는 시대에 살고 있지 않나.

몸을 담고 있는 교회에서도 홈스쿨링 가정이 우리뿐이기에 우리 가정은 어디에서나 비주류에 속한다. 하지만 개의치 않는다. 어차피 우리의 시민권을 하늘에 있으니까. 나는 여행지에 뼈를 묻을 생각이 없다. 여행자답게, 비주류답게 살면서 하나님만 섬기면 된다.

그래서 여호수아의 호통은 정신이 번쩍 나게 한다.

당신들은 이제 주님을 경외하면서, 그를 성실하고 진실하게 섬기십시오. 그리고 여러분은 여러분의 조상이 강 저쪽의 메소포타미아와 이집트에서 섬기던 신들을 버리고, 오직 주님만 섬기십시오. 주님을 섬기고 싶지 않거든, 조상들이 강 저쪽의 메소포타미아에서 섬기던 신들이든지, 아니면 당신들이 살고 있는 땅 아모리 사람들의 신들이든지, 당신들이 어떤 신들을 섬길 것인지를 오늘 선택하십시오. 나와 나의 집안은 주님을 섬길 것입니다. (수 24:14~15)

나와 내 집안은 주님을 섬실 것이므로 비록 조금 느리더라도, 두렵더라도 다음 말씀을 기억하면서 꾸준히 이 길을 걸어갈 것이다. 하나님은 신실하신 분이시므로 우리 가정을 지켜주실 것이다.

너희를 위한 나의 계획은 내가 알고 있다. 그것은 너희에게 재앙을 주려는 것이 아니라 번영을 주고 너희에게 미래와 희망을 주려는 계획이다. 그때에는 너희가 나에게 와서 부르짖고 기도할 것이며 나는 너희 기도를 들어줄 것이다. 너희가 진심으로 나를 찾고 구하면 나를 만날 것이다. (렘 29:11~13)

에필로그

아들아, 뱀과 같이 슬기롭고, 비둘기와 같이 순진해져라

"보아라, 내가 너희를 내보내는 것이, 마치 양을 이리 떼 가운데로 보내는 것과 같다. 그러므로 너희는 뱀과 같이 슬기롭고, 비둘기와 같이 순진해져라."(마 10:16)

제자들을 세상으로 보내어 말씀을 전하게 하실 때, 예수님은 제자들이 몹시 걱정되었다. 오죽하면 다 큰 어른들을 보내면서 '양을 이리 떼 가운데로 보내는 것과 같다'고 말씀하셨을까. 그런데 21세기 한국사회에서 자녀를 바르게 키우는 일도 이만큼이나 어렵게 느껴진다. 주변을 둘러보자. 세속적 자본주의가 쏟아내는 메시지의 융단폭격 속에서 마음의 건강을 지키고 사는 것이 너무도 힘들다. 극장이건, 버스건, 지하철이건, 어디서나 무언가를 사라고 채근하는 광고가 쉴새 없이 계속 나온다. 광고를 보고 있노라면, 우리는 주기적으로 새 옷, 새 신발, 새 가방을 사고, 의술의 힘을 빌려 얼굴이나 몸매도 고쳐야만 할 것 같다. 압박감을 느끼는 것은 청소년도 마찬가지, 새로운 학습법을 도입했다는 학원에 가지 않으면 성적이 떨어지고 인생의 낙오자가 될 것처럼 느껴진다. 이렇게 치열하게 살면 행복해질까? 결과는 그리 희망적이지 않다. 통계에 따르면, OECD 국가 중 우리나라의 자살률이 가장 높고 청소년 자살률도 꾸준히 증가하고 있다. 그만큼 희망이 없다는 말이다.

이런 사회에서 아들 셋을 키우려니 어떻게 해야 할지 고민이 생길 수밖에 없다. 마음이 무거울 때면 나는 영화 〈행복을 찾아서〉를 떠올리며 영감을 얻곤 한다. 노숙자의 신세에서 굴지의 증권회사를 키워낸 실존 인물 크리스 가드너의 이야기에 기초한 영화는 무척이나 감동적이다. 경제적 생활력이 없다는 이유로 아내가 떠나자, 크리스 가드너는 혼자서 아들을 키우기 시작했다. 증권회사에 인턴으로 입사한 그는 마케팅 전화를 더 많이 하려고 전화기를 손에서 내려놓지 않았고, 믈을 마시러고 일어나는 시간마저 아꼈다. 저녁이면 그는 어린 아들과 함께 노숙자 숙소 앞에 줄을 서서 잠자리를 구하고 그나마도 자리를 못 구하면 아들과 함께 지하철 화장실에서 잠을 잤다. 그가 이렇게 힘겹게 사는 이유는, 잘 알지도 못하는 의료기기 사업에 덥석 투자해서 가진 돈을 모두 잃었기 때문이다. 그가 섣부른 선택을 하지 않았다면, 아내와 헤어지지도 않고 아들을 지하철 화장실에서 재우지 않아도 되었을 텐데……. 이쯤에서 나는 예수님이 앞서 하신 말씀 중 두 번째 구절을 떠올린다. 그러므로 너희는 뱀과 같이 슬기롭고, 비둘기와 같이 순진해져라.

왜 예수님은 '비둘기와 같이 순진하고, 뱀과 같이 슬기로워지라'

고 하는 대신 굳이 뱀을 먼저 이야기하셨을까? 아마도 그것은 뱀처럼 슬기롭지 않으면 비둘기처럼 순진해지기도 어렵기 때문이 아닐까? 비둘기처럼 순진하기만 해서는 이 세상에서 올곧게 신념을 지키며 살아갈 수가 없다. 20년 가까이 직장생활을 하면서 나는 종종 자리를 지키기 위해 비굴해져야만 했고, 원하지 않는 술자리에 불려가거나 거짓말을 강요당하기도 했다. 흔히 하는 말처럼, 품 안에 사표를 넣고 다니지는 않았지만, 로또라도 크게 맞으면 당장이라도 회사를 그만 두고 싶다는 생각을 여러 번 했다. 나뿐 아니라 주변 사람들 대부분도 비슷하게 생각하면서 자조적으로 이런 농담을 했다. 장기근속의 비결은 처자식과 빚 딸린 집이라고. 한 친구는 한 술 더 떠 이런 농담으로 우울한 기분을 더 우울하게 만들었다. 직장인들이 퇴직하지 못하는 이유는 한 달에 한 번씩 맞는 마약 때문이라고, 통장에 꽂히는 월급이라는 마약!

뱀처럼 슬기로워야 비둘기와 같이 순진해질 수 있다

오도 가도 못하는 내 상황을 보면서, 나는 수백 년간 떠돌이 생활을 하면서 살아온 유대인들은 어떻게 신념을 지키고 살았을지 궁금해졌다. 그들은 신앙심이란 세속적인 생활력의 기반 위에서 안전하게 보호받는다고 가르친다. 《탈무드》를 보면 부모가 자녀에게 먹고 사는 데 필요한 기술을 가르치지 않으면, 결국 도둑질을 가르치는 것과 같다고 한다. 그래서 예로부터 유대인들은 자녀들에게 신앙생활과 함께 기술을 가르쳤다. 사도 바울이 전도를 하는 동안에도 천막을 만드는 일을 하면서 생활비를 스스로 벌어 쓸 수 있었던 것도 그가 유대인의 전통 속에서 자랐기 때문이다. 근대에 들어서 유럽에 살던 유대인들은, 기독교인들에게 주기적으로 땅과 집을 빼앗기고 '게토'라고 불리는 집단수용공간으로 내몰렸다. 이 경험에 기초하여 유대인들은 돈이 생기더라도 땅이나 집을 사서 자식에게 물려주기보다 그 돈으로 책을 사서 자녀를 가르치거나, 남이 빼앗아갈 수 없는 기술을 익히도록 만들었다. 그래서 유대인들이 선호한 직업은 회계사, 변호사와 같은 지식노동 직종과 비싸고 가벼운 귀금속을 다루는 보석 세공사였다. 유대인들 중에 지식인이 많은 것은 지식과 기술을 숭상하는 전통 때문이다. 그리고 유대인들은 지금도 전 세계 다이아몬드 유통업을 쥐고 흔들고 있다.

부모가 자녀에게 생업을 위한 기술을 가르치지 않으면, 결국 도둑질을 가르치는 것과 같다는 가르침에 전적으로 동의한다. 먹고 살 길이 막막하면, 누구라도 양심과 신념을 팔고 불법적인 행동도 불사하고픈 유혹을 느끼게 된다. 그래서 나는 자녀를 대학에 보내는 것으로 부모의 책임이 끝나지 않는다고 믿는다. 나는 아들들에게 종종 대학에 가지 않아도 좋으니, 경제적으로 자립할 수 있어야 한다고 말한다. 물론 아들은 아직 내 말의 의미를 모르는 눈치다. 그래도 조만간 알아들을 것을 믿으며 나는 그 말을 반복해서 한다.

나는 아이들을 뱀과 같이 슬기롭게 키울 생각이다. 순진한 얼굴로 멍하니 있다가 이용당하는 사람이 되지 않도록 강하게 키울 작정이다. 동시에 비둘기와 같이 순진하여 하나님 보시기에 흡족한 사람으로도 키우고 싶다. 나는 하나님을 믿고 의지하는 사람들에게 안심하라는 말씀을 발견하고 위로를 받는다. 그리고 오늘 하루도 당당하게 이리 떼 가운데를 지나가려 한다.

내가 비록 죽음의 그늘 골짜기로 다닐지라도, 주님께서 나와 함께 계시고, 주님의 막대기와 지팡이로 나를 보살펴 주시니, 내게는 두려움이 없습니다. 주님께서는 내 원수들이 보는 앞에서 내게 잔칫상을 차려 주시고, 내 머리에 기름 부으시어 나를 귀한 손님으로 맞아 주시니, 내 잔이 넘칩니다. (시 23:4~5)

여호와이레 홈스쿨 대디 김동성